王法と仏法

中世史の構図

黒田俊雄

法蔵館文庫

本書は二〇〇一年一二月一〇日、『増補新版　王法と仏法
――中世史の構図』として法藏館より刊行された。

目次

王法と仏法——中世史の構図

I

顕密体制論の立場――中世思想史研究の一視点

はじめに

先年私は、日本中世に支配的であった宗教のあり方を「顕密体制」と捉え、その成立・展開と衰退の展望について略述した（「中世における顕密体制の展開」〈黒田俊雄著作集第二巻、Ⅰ顕密体制の展開〉）。それはこの体制の全過程についてのほんの一通りの記述でさえなく、いわば主要な問題点の若干を取り上げて仮説的に問題を提起したものにすぎず、またもともと難解な顕密仏教教学を浅い理解をもとに取り扱った粗い素描でしかないために、きわめて不充分かつ難渋な説明にとどまっている。けれども、幸いにして二、三の方から書評その他のかたちで批判や感想を寄せられたので、ここでそれにふれながら改めて問題提起の意義についてのべてみたいとおもう。それは、ただ単に自説に固執してその不充分を釈明するためではなく、中世思想史研究に新しい地平を切り拓くための一つの視点がそこにあると、考えているからである。

誤解を避けるためここであらかじめ明記しておきたいのは、私は宗教思想が中世思想史のほとんどすべてであるかのような考えはもっていないことである。わざわざ断るまでもないことだが、中世でも宗教のほかに、政治や法、経済、倫理、文学、芸能その他諸方面についてさまざまな思想があったし、たとい意識化され体系化された思想がなかったにしても今日の私たちの関心からそういう視角で問題を追跡することは可能である。その意味では宗教思想史は、多様な思想史の一面であり一部であるにすぎない。けれども、同時に重要なことは、宗教思想以外には中世では体系化された思想はほとんどなかったという事実にも、正当に注目することである。仏教史・儒教史だけが思想史の内容であるかにいうのは正しくないが、そういう傾向がいままで存在したのはかつての仏教や儒教の一種特権的な僭越な立場の押しつけによるとばかりはいえないとおもう。中世の思想の諸分野のうちでも宗教思想、ことにイデオロギー的なそれが優越的であったのは理由のあることであり、それだけに思想史研究においても大きな比重をもつべきものと考えられるのである。

だから、宗教思想の役割を過大評価して、その研究がすべての分野の思想の研究に決定的な意味をもつかにいうのは、もちろん正しくないが、他のどれにもまして全面的であるということはできよう。したがって、これを思想史の中心に据えるのは一つの有効な方法であり、中世思想史研究の一視点と題するのはその意味である。小論でのべることの大部分は、すでに前述の旧稿の各所で触れたことであるが、ここではそれを改めて整理し確認し、若干の反省も加えて、今後の研究に備えたいと考えるのである。

一 中世顕密仏教研究の意味

今日一般に、顕密仏教――天台・真言および南都の諸宗――は「古代仏教」と呼ばれ、中世仏教史においては時代を代表する主役とは認められていない。「中世的」な仏教あるいは思想として歴史の首座に据えられるのは、法然・親鸞・道元・日蓮等のいわゆる新宗派の仏教であり、顕密仏教は中世思想史ではむしろその旧時代性について指摘されるのが常である。

けれども、きわめて明白なことは、まず第一に中世では顕密仏教こそが時代を通じて宗教の世界における支配的地位を保持していたという事実である。鎌倉時代に新仏教が起こって宗教が一変したようにいうのはある程度は当たっているが、「旧仏教」なる顕密仏教の影が薄れたかのような理解があるとすれば、それは一面的に単純化され定式化された教科書によって普及された虚像でしかない。中世の史料をある程度知るひとなら、たとい現存の史料がほとんど公武支配層や顕密寺社の手になったものであるにせよ、新仏教の勢力がいかに片々たるものであり、旧仏教がいかに広範・巨大な勢力をもつものであったかは、容易に推察することができるはずである。それは単に寺院・僧侶や荘園・末寺の数のことだけではなく、軍記・和歌など文芸の理念から庶民の年中行事など生活と文化の全般にわたる事実であって、そうした意味で顕密仏教は、むろん時期によって消長はあったにせよ、中世の思想界に支配的地位を維持しつづけたのである。

そうしたことから当然帰結されることであるが、顕密仏教は国家権力と緊密に結びその一翼を形成するものでさえあった。顕密仏教の内容と性格を明らかにすることは、中世の国家の特質とその支配イデオロギーを知る上に不可欠であり、顕密仏教についての最小限の知識なしには、公武支配層の思想を理解することも不可能である。そして、この点だけについていえば、新仏教の祖師たちの教説は——禅宗は別として——ほとんど必要ないとさえいってよい。

思想史にとって、顕密仏教のような特権的支配層の煩瑣な教説を穿鑿することは、それほど重要な意味をもつものではないとする見地がある。確かに、かつてそしていまも教学史等の名で説かれる煩雑晦渋な教説は、人口の大多数を占める民衆の知識とは著しく隔たっており、究極は民衆の思想史こそが時代の思想史の本体でなければならないかもしれない。しかしながら、民衆にとっての思想史とは単に民衆の発想による民衆的な思考や論理に限定されるものであろうか。もしそうなら、それは思想の歴史としてはあまりに乏しいものといわねばならぬ。民衆にとっての思想史の真実は、むしろその上におおいかぶさっていた壮大な思想体系の重圧とのたたかいであったはずである。そうした関係のなかで、民衆の徐々ながら段階的な行動と意識の変化が、支配的な思想を次第に変貌もさせ、ついには壮大かつ煩瑣な体系が根底から解体し——必ずしもその全体には及ばないが——そのなかで新しい思想が生み出されてくることを考えれば、量的にも質的にも支配的な位置を占めた顕密仏教をまるで度外視して、中世の思想史を語ることは、不可能であるといってよい。

もとより顕密仏教に中世宗教史あるいは思想史における中心的な役割を認めないのは、必ずしもそのことが見落とされているからではない。そのことはよくわかっていながら、しかもいわゆる新仏教系の思想にこそ「中世的なもの」が典型的にみられるという判断が、そこにあるからであろう。けれども、新仏教系に「中世的なもの」がみられるのは確かだとしても、中世の顕密仏教がなおも「古代的」であるという論証、あるいは「中世的なもの」は新仏教諸派の教説の最大公約数の範囲に限定されねばならぬという論拠は、はたして得ることができるだろうか。

中世思想史において、今日一般にみるように顕密仏教についてほとんどのべられることがない状態がどうして起こったかについては、あとで触れることになろう。ここでは、顕密仏教が中世においてきわめて重要な支配的な位置を占めていたという単純な事実をまず確認することが、問題を正しく捉える第一歩であることを、指摘しておきたいのである。

二　顕密体制の歴史的性格

「顕密」仏教という言葉を、小論ではいままで、天台・真言および南都の諸宗を指すともいい、いわゆる「旧仏教」の意味に用いてもきたが、もう少し立ち入っていえば、実は、「新仏教」以外の諸宗の単なる総称ということではない。それは一つの特定の状況を意味する中世の用語であって、たとえば「顕密の学匠」とか「顕密の同異」とか「顕教には……、密教には……」とかいうように、いつも一つの対《つい》、組み合わせとして考えられ、そういう意味で中世に用いられていた概念であって、それを今日の仏教宗派単位にいえば天台・真言および南都の諸宗というような説明になるわけである。「顕密」という語が歴史的に実在していた概念であるという点を確認することは、このさい重要である。

「顕密」を一つのまとまりとしてとらえ、そういう発想から仏教を理解するという考え方は、日本では九世紀を通じて発展・成熟し、十世紀には教学的にも教団的にも完成され支配的な思想となった。仏教ひいては全宗教を顕教と密教との両面から捉え、その一定の関係として理解する論理を、私は顕密主義と呼んだのであるが、それは歴史的には密教の絶対的優位を承認するなかで展開したもので、本質的には、日本で独特の姿に形成されたところの密教の一形態ということができる。平安時代の各宗の教義はそういう共通の基盤の上にそれぞれの教学と儀礼と法験の特色・優越を主張するところに成立したものであった。そして、このような顕密主義が宗教の全体を支配するものにまでたかめられたことは、結論的にいえば、古代から中世への移行の過程での新しい思想史的達成であったということができるし、さらに顕密主義は、中世においてもさまざまな教説や流派を生みつつ展開したのである。

顕密主義を基調とする諸宗が国家権力と癒着したかたちで宗教のあり方を固めたその体制を、私は顕密体制と呼ぶ。顕密体制は十世紀末期にその特徴をみせはじめ十一世紀後期にはもはや確固たる体制となるが、それを積極的に推進したのは南都・北嶺などの大寺社勢力であった。この寺社勢力は、中世荘園制社会の形成とともにその一部として成長してきた、荘園制社会独特の社会集団であり、権門体制とも呼ぶべき国家体制の一翼でもあって、したがって、顕密体制は単なる理念的秩序でもなければ教義上の制度でもなく、独特の社会集団と国家体制とによって裏付けられた、世俗的実体さえ含む強力な体制であった。だから、いっさいの宗教は顕密体制を逸脱しては容認されず、いっさいの権威は顕密体制によって支えられなければならなかった。「王法」と「仏法」とは相依り相助けるとする論説は、このような顕密体制下における仏教と政治権力との関係を規定する原理として、十一世紀以後中世を通じて、疑義を挟むべからざるものと考えられていた。

十二世紀末からはじまる一連の仏教革新運動は、正統派たる顕密諸宗に対する異端改革運動という性格をもつ。これは十一世紀に一般化した中世的聖《ひじり》の系譜をうけて成立し、中世を通じて断続しつつ展開して、ついには「仏法領」「釈尊領」などを理念とする中世末の宗教一揆につながっている。従来の通説では、顕密諸宗を「古代的」「旧仏教」、改革運動（そのうち近世以降に新宗派として独立したもの）を「中世的」「新仏教」と捉え、両者の関係を時代的落差、段階的発展とみてきたが、これは事実に反する。実際には両者は並行関係にあり、それも単純な並列ではなく、支配的地位にある正統派に対し、それが生み出す時代的・社会的諸矛盾を、さまざまな部分的・特殊的形態で表現する改革ないし異端の運動の続発という相互の関係をもちながら、展開したのである。「新仏教」が中世の思想状況あるいは中世的思惟様式を鋭く表現しているのは事実であるが、それが中世において支配的な勢力となり顕密仏教にとって代わったという事実はない。ただし、中世の中後期に禅・律系の「聖道」的改革派が顕密体制の優勢な地位に入りこみ、旧来の顕密諸宗に部分的にとって代わることになるが、これは、中世の顕密体制的特質を根底から失わせるものではなかったと考えられる。

顕密体制は、中世末期の戦国の争乱のなかで、荘園制＝権門体制の解体・消滅とともに歴史的生命を失う。この大きな変動の巨大な原動力の一つであった一向一揆をも苛烈に鎮圧した上で成立した幕藩体制権力は、すべての宗教勢力とその教学を統制し再編成して、寺檀制度を基礎とする新たな宗教制度をつくり上げた。そこでは顕密主義が共通の正統的原理とされることなく、浄土真宗などかつての非公認の宗派や分合再編された各宗各派が新たに公認され、それぞれの教学の整備・固定化がすすめられた。けれども、顕密体制の影響は近世・近代の思想史にもさまざまに刻印されている。一つには顕密主義的論理が仏教各派や神道諸派の教学と信仰に多々継承されたこと、もう一つには、王法仏法相依論が宗教の政治権力への服従の論理に変えられて、思想・宗教の統制への伝統的形式の役割を果たしたことである。それは基本的にはそれぞれの時代自体の問題としてより広く多面的に検討さるべきことではあるが、顕密体制は決して完全に過去のものとなったのでなく、なお歴史のもつ規制的役割という意味で、近代にまでその影を落としていると考えられるのである。

以上が、顕密体制の歴史的位置づけに関する最も簡略な要点である。当然ここには具体的な歴史的過程や現実の多様な様相や、また思想の内容自体や信仰の実態などは省略されており、その多くの部分についての細密な解明・確認は、今後の問題として残されている。顕密体制に関する私の所論が仮説であるというのはそのためであるが、ただ断っておきたいのは、「顕密」仏教というものが独特の論理をもって体制的に存在したこと自体は、今日の歴史学的分析や概念の組み合わせから抽象的・推論的に措定されたことではなく、現実に中世において存在した事実であるということである。そのことは、そのつもりで注意しながら少しでも史料に目を通せば誰にもわかることであって、問題は、それにもかかわらずそれが目に入らないかあるいは気づいても重視しないという思考方法が、どうして一般化したかにあろう。私は、そのことをかえりみることがなければ、硬化した史観の枠を超えることはできないと考える。

つぎに、そのことについて二、三のべてみたい。

三　宗派単位的思考への反省

明治以後、近代歴史学が成立してからの日本の仏教史・宗教史ひいては日本歴史の叙述において、日本仏教の展開がどのように記されているかをみるとき、そこに基本的に変わらない体系が定型化されていることに気づく。すなわち、村上専精『日本仏教史稿』（一八九八年）、島地大等『日本仏教教学史』（一九二四～二五年講述、一九三一年刊）、辻善之助『日本仏教史』（一九四四～五五年）、宇井伯寿『日本仏教概史』（一九五一年）、家永三郎・赤松俊秀・圭室諦成監修『日本仏教史』（一九六七年）、笠原一男他監修『アジア仏教史』日本編（一九七二～七六年）など主要な概説を取り上げてみると（圭室諦成『日本仏教史概説』〈一九四〇年〉だけはやや趣を異にする）、それぞれにすぐれた特色をもつとはいえ、いずれも仏教受容、奈良六宗、天台・真言両宗、浄土宗・浄土真宗・時宗・臨済宗・曹洞宗・日蓮宗など新仏教の発展と旧仏教の復興、そして、中世末の宗教一揆を経て江戸幕府による宗教統制、明治の廃仏毀釈・神仏分離という形で叙述がすすめられている。そこには国際的・国内的な歴史的諸条件との関連がのべられており、著者によっては文化史的あるいは社会史的な考察も加味されていて、それぞれ豊富な内容となっているのであるが、諸条件や影響ということを別にしていわばその本体ともいうべき部分についてみれば、いずれも各宗派が興起・展開の単位ともいうべきものとして設定されていることに注意される。そして、このような形式が、今日各級学校で使用される日本史教科書でも、いっそうむき出しの無味乾燥な姿で現われていることは、周知のところである。

ここでこと新しく論ずるまでもなく、日本の仏教史において、奈良の六宗の時代の「宗」と、天台・真言両宗における「宗」と、鎌倉「新仏教」における「宗」と、江戸時代以後の「宗」と、おなじく「宗」とはいってもその意味にかなりの差があるが、今日一般に理解されている「宗派」概念は江戸時代以後のものであることは、明らかな事実である。われわれはただ、今日の各宗派の法脈的系譜を辿って中世あるいは古代に源流を設定し得るにすぎないのである。また、日本仏教の歴史の大部分の期間がいわゆる神仏習合の姿をとり、仏教はそれによってはじめて広範に普及したのであって、神仏の峻別は僅々ここ百年の事態にほかならないことも、誰しも知ることである。ところが、それにもかかわらず、仏教史と神道史は、二つの別の流れとしてあるいは両者の交渉として把握され、そういう形で叙述されている。ということは、今日の日本仏教史・神道史の体系は、近代日本における仏教・神道各派のありようを起点にして、それを過去に溯源あるいは投影するやり方で体系化されたものにほかならない、といえるのでなかろうか。

私は、日本仏教史の叙述のこのようなあり方は、いままでの日本宗教史研究が宗派基準的な史観に支配されており、それをこえた客観的な観点をもち得なかったことを示すものでないかとおもう（民俗学的観点をとり入れた立場の仕事のばあいはそうではなかった。そこでは教義や高次の思想内容が捨象されて民間信仰という一側面からだけ照射される限界があったにしても、そういうやり方で宗派基準的史観からの脱却がなされていたといえる）。あとで改めて触れるつもりだが、私は宗派的な史観がいっさい無益で正しくないとは考えないが、歴史学はそういう状態にとどまることに満足すべきではないはずである。しからば、「顕密体制」という歴史的概念の導入は、このさいどんな寄与をなし得るであろうか。

さきに一言触れたように、中世の仏教を「旧仏教」と「新仏教」および「古代的」と「中世的」というかたちで説明する通説は、一見客観的・歴史的把握であるかのようで実はこれこそが宗派基準的観点からの結論であった。それは、近世以降の仏教各宗派の区分を基準にしてその源流のありかを中世に探し求めて「新・旧」と区別し、そこから「中世的」「古代的」という規定を冠したものであって、中世における実態に忠実でもなければ、必ずしもそれぞれの本質的性格の分析から結論された規定でもなかった。たとえば、爛熟した本覚法門を特色とする中世叡山の教学は、どうみても最澄の立宗の本旨とは異なる新しい中世的なものであるが、それは、近世に叡山を復興した安楽派の改革の観点から、一時期の非天台的な逸脱として棚上げされることによって、中世の天台宗はあくまで最澄にはじまる古代的旧仏教とされる。近世になって、中世以来の禅の各派が臨済宗と曹洞宗とに組織されると、中世の禅の複雑な曲折にみちた実際の展開過程から著しく遊離したかたちで、まさに宗派的観点のままに栄西が臨済宗を、道元が曹洞宗を開いたとする。一遍の宗教が法然からの念仏の系譜だけでは説明し難く他に天台的さらに密教的な要素を多分に備えているのに、江戸時代にいまの時宗が浄土宗に編入されていた事情もあって、一遍は念仏系で新仏教たる時宗を開いたとされる。反対に叡尊は、密教的な新興宗教を創唱したともいえるのに、戒律の再興（実は古代の律宗のそれではない）のゆえをもって旧仏教に数えられる、という有様である。だが、このような事実に即さないちぐはぐな「新・旧」「古代・中世」という規定のもとになっている各宗派並列的構図は、中世の人々の認識にはなかったものである。あったのは、「顕密」仏教こそが正統的でそれに対して異端的・改革的主張がつぎつぎに現われたという認識であり、それこそが史料に読みとることのできる中世的発想であった。もちろん中世の人々の認識や常識をそのまま歴史学上の基準とし概念化するのが正当だというのでなく、それに即しながらも客観化・概念化のための一定の理論的手続きが加えられることがときには必要であるが、それはそれとして、いまのばあいどちらが事実をより正確に把握し中世の宗教と思想の躍動する姿を明らかにし得るかが、大切なのである。

日本宗教史の研究が宗派的史観に支配されていることを示すもう一つの重要な問題は、いわゆる神道の理解とその扱い方である。中世の顕密体制の全体像をみるとき、神道なるものが仏教と別に並立して存在したと考えることはできない。そして、それを拡大して日本宗教史の全般についてみると、はたして仏教と対等の意味での神道という宗教は実在したのか（明治以後を別として）、固有信仰としての神道の独自的存在という認識は幕末・明治のナショナリズムが創出した歴史観（国家神道的信念を伴う）の所産でないかと、疑わざるを得ない。それは日本宗教史の再構成に連なる問題であり、それだけに「神道」の語の歴史上の意味の再検討*も含めて、多くの説明を必要とする問題である。神道なるものを日本の宗教史の基底に据えて歴史を理解する思考方法は、明治以来さまざまな形であまりにも繰り返しなされてきたので、神道が一個の宗教として独自に存在したことを疑うといういい方は、多くの人の理解を絶する抵抗の多い視点ではあろうが、ここでは宗派基準的史観の影響の一つの問題として提起するにとどめておきたいとおもう。

* 黒田「「神道」の語義」（『歴史学の再生』校倉書房、一九八三年）参照。

四　近代の神話からの解放

日本中世宗教思想史がいかに宗派基準的観点に拘束されているかということについて、その基本的な二、三の点を右にのべたが、しかし私は、宗派的立場で歴史の研究をすすめること自体を非難したり排斥したりするつもりはない。それどころか――些か僭越ないい方ではあるが――真摯な宗派的立場からの研究や発言は、その立場を他に強要するものでない限り、それとしての真実を明らかにして歴史学を豊かにする積極的な役割をもちうるものと考えている。宗派的見地からの教義史・教団史の研究がいままでいかに多くの精緻な業績を蓄積したかは、改めて列挙するまでもないし、今後もそうした仕事を制約する権利は誰にもない。

けれども、そのことと、歴史学がそれにのみ依拠しなければならぬということとは、同じではない。歴史学にはそれとは異なる次元の客観的なものが要求されるからである。真言宗が宗派にとっての「八祖」を掲げ、真宗が親鸞の「開宗」にいたるまでの「七高祖」を説くのは、それぞれ宗派の信条からの――その意味で主観的な――真実であることは確かであろうが、歴史の客観的な過程をそのような系譜の自己発展として理解することはできない。「弥陀の五劫思惟の願をよくよく案ずれば、ひとへに親鸞一人がためなりけり」という言葉は、宗教的真実を表現した一典型といえるが、かりに弥陀が歴史的実在であったとしても、この言葉が歴史的真実を語っているということはできない。それが、宗派的立場と歴史学的立場との関係である。多くの「新仏教」宗派が鎌倉時代に「宗祖」の「開宗」を説き、そこからの一貫した系譜として「宗史」を説くのは正当でもあり、その限りでの真実でもあるが、鎌倉時代の宗教史や思想史がそのような宗史を束《たば》ねた総和のかたちであることに満足すべきだという理由はなく、それはむしろ客観的認識を妨げるものになりかねないのである。

「顕密体制」論は、そのような宗史の束でなく、客観的な諸関係として宗教史を捉えてみようという立場に立っている。したがって、顕密体制とは、歴史的諸関係を全体的・統一的に把握するための目安として、しかも具体的実在形態として提示された概念である。

顕密体制を中世宗教思想史のみならず近世・近代にも規制的な役割をもつものとして説明した私の主張に対して、かりにそうだとしても日本仏教史には他方に「世間虚仮・唯仏是真」という認識の底流があるのではなかろうか、という指摘がなされている（森竜吉氏の拙著への書評、『仏教史学研究』一八—二）。「世間虚仮」の思想は仏教の基本に連なるものであるから、これをそうした一般的・根本的原理の意味でいうなら、いかに現世的・世俗肯定的な傾向が濃厚であり、政治権力との癒着が顕著であろうとも、顕密仏教も含めて日本の仏教史にもまたそういう流れを見出すことは当然できるわけであり、それはともかくも仏教であったことのあかしとでもいうべき側面を意味することになる。そして、今日の仏教者が、それを基軸にして日本仏教史の流れを把握することは、いわば宗教的・宗派的な歴史観としてそれなりの意味がある。しかし、いま指摘されているのはそういうことでなく、歴史上にみられた具体的な潮流のことであって、それは積極的・肯定的な「正」の存在としてよりは消極的・否定的な「負」の動因または部分的現象としての、思想家や民衆の主体的いとなみのことであろう。けだし、そのような側面に一つの伝統を見出そうとされたのは、仏教者としての主体的な探究から歴史の叢林に挑み切り拓かれた一つの展望によるものであって、それが具体的にどのような思想史の叙述を生み出すことになるかは今後のこととしても、重要な真実の指摘であるとしなければならぬ。そして、その点では私の顕密体制の把握は、国家権力や社会体制との関連を主に問題にしたためもあって、イデオロギーの側面に偏したかたちにとどまっていたし、そのために歴史の負の遺産だけが強調されがちで、前進的意義をもつ思想の伝統を積極的に把握するための論理が不充分なままになっていたとおもう。

右の反省は、いわば宗教的実践により近い立場からの指摘に教えられてのものであるが、しかし、中世思想史研究の現実は、一般的にはやはり、宗派基準的発想からの脱却が当面の急務であるとおもわれる。それは、明治以来天皇制歴史観と国家神道の強制という思想と宗教の自由をいびつにされた体制のもとでつくり上げられた〝近代の神話〟からの、歴史学の解放という課題である。日本の近代歴史学は、日本中世宗教史・思想史についていえば、中世の人たちが描いた中世的神話――伝説や縁起・説話の類――については、その虚妄を見破ることが容易であった（古代史におけるような権力による神話の強制もなく、むしろ神仏分離の観点から奨励される面があった）。しかし、中世について日本近代社会が描き上げた神話――天皇制的価値基準、武士道の称揚、国家神道の是認、半封建的教団体制の宗派的権威等にもとづく――は、敗戦直後の段階での批判・脱却が不徹底であったためにいまも存続しているとおもう。それは天皇制の不可思議なる呪縛・陥穽をはじめとする特殊日本的な思想反動の基盤とも関連しており、中世宗教史・思想史だけに限られたことではなく、近代的な分析や洞察を自負する思想史研究や人類学や日本文化論さえもがこれと安易に結合していることがないかを検討し直す必要があるほどの、根深い問題であるとおもわれるのだが、戦後三十年にして、いまこそそうした〝近代の神話〟が克服され、中世史像が神話的偏向から解放さるべき時期が到来しているのである。

多様な価値観からする思想史のダイナミックな把握と新しい研究課題への取り組みは、その上ではじめて真に開花するのである。

王法と仏法

一

世の中には、仏教は本来政治権力と別次元のもので、政治を超越し権力と絶縁したものであるから、過去の仏教と政治権力との関係を追求するのは、いたずらに一部の過誤をあばき、またはことさらに政治主義的に仏教を評価する態度であるかに、顰蹙《ひんしゅく》するひとがある。仏教はそうあるべきだと考えるのは、そのひとの自由だが、しかし、ほとんどすべての宗教と同じく仏教はそのながい歴史において、さまざまなかたちで政治権力と連携ないし交渉をもってきたし、いまでも積極的に政治と結合すべきだと主張している人たちもある。概していえば、政治権力との関係は仏教の歴史のなかで無視できない重要な部分を占めており、それにふれることを忌避する態度そのものが、そのひとつの特殊な形態であるとさえいえるのである。

私の考えでは、近代日本の仏教界および仏教史研究において、政治権力の問題は、ごく少数の人たちを別として一般には正しく取り上げられてこなかったし、研究はひどく立ち遅れているとおもう。そして、どちらかといえば、政治権力を正面から見据える姿勢からの逃避、それによる政治権力の絶対性との妥協、そして、ついには政治体制を翼賛することこそが、思慮深く節度をわきまえた態度であるかのように、まかり通ってきた。したがって、仏教と政治権力との関係――とくに日本の歴史上の――を把握するについては、たとえば近代的な政教の分離と信教の自由の概念のようなある程度確かな座標軸が、研究の手続きや方法の上で、まだ確認されていないのである。ここに掲げた「王法と仏法」というテーマも、じつはそういう座標軸がまだ確かでない性質の問題である。

仏教のはじめ、釈迦の成道がいっさいの世俗的権力を離れたところでなされたことは、いうまでもない。しかしインドでは、原始仏教から大乗仏教の発展期までの数百年間に、政治権力ないし国家についての態度というものはいつも示されていたし、むしろ理想的な国家の姿が繰り返し説かれたのであった。それをごく簡略にいえば、国家というものを民衆あるいは国土を中心に捉えて、その国家の災厄を攘《はら》うための行法を重んじ、国王についても説くばあいでも仏法を流布しそれによって国を治めた「転輪聖王」――阿育王《アソーカ》をモデルにしたものとの説もある――を賛嘆する説話を伝えているのであって、結局民衆や国土の攘災あるいは正法治国ということが基本であった。ということは、国家について説くとはいっても主権者・支配者のために祈ることはなかったのであり、ここにインド仏教の国家に対する態度の特色があったとされているのである。

ところが、この仏教が中国へ伝えられると、著しく様相が変わった。中国仏教発展の端緒は南北朝期であるが、大きく発展したのは隋の文帝以後、隋・唐・宋のころであり、天台宗・法相宗・華厳宗・密教・浄土教・禅宗などが中国的な特色を発揮しながら栄えた。国家との関係という点についてみれば、そこでは仏教に対する国家＝皇帝の保護と統制がめだっていた。そして、それに対応して仏教の側で皇帝権力の隆昌を祈る意味での護国思想が著しく、経典も漢訳にさいして護国思想的に改竄《かいざん》や付加が行われ、あるいは金光明経のように中国で創作されたとみられる護国経典も多々現われた。それはいわば、専制君主の絶大な統治権のもとに国家体制を整えた中国に相応した仏教のあり方であった。そして、このような国家的性格は、朝鮮仏教にもそのまま伝えられ、継承された。

古代の日本へ伝えられた仏教は、このような朝鮮および中国の仏教であった。そして、政治制度において唐の律令制を模倣したように、仏教のあり方についても、天皇だけを意味する国家のための仏教、そうした国家によって設置され統制される寺院と僧尼という特色が著しかった。

しかし、日本の古代仏教には、天皇だけでなく国土・民衆をも含む意味の国家のために祈願する思想もみられ、寺院・僧尼の生活にもある程度の自治的慣行が認められていたといわれる。平安時代、最澄・空海以後になると、一方で国家＝天皇のための仏教を説きながら、他方でそれと並んで民衆の福利を祈ることも多くみられるようになる。それが「鎮護国家」という言葉の現実であり、必ずしも中国仏教と同内容ではなかったことに注意しなければならない。

日本に仏教が本格的に根を下ろすまでの前史は、ほぼ以上のようなものであった。

二

「日本仏教の成立」ということがいったいどの時期のことを指すのかについては、いろいろな意見があるとおもう。日本仏教ととくに呼ぶべきものがあるかどうか、あるとしてもなにを基準に論ずるか問題は複雑だが、さしずめ、特別の思想家や一部の支配層でなく、日本の幅広い民衆にまで仏教が定着していった状況を歴史的に見通し、そういう幅広い定着性をもった仏教がどのような段階を経て成立発展したかを考えるのが、有意義な見方であろうとおもう。

そういう見方からすると、近代にいたった時点で日本仏教各宗派のうち寺院数・信徒数で圧倒的多数を占めたのはいわゆる鎌倉新仏教系の諸宗であり、またそれらが日本人の思索と社会的実践によって創唱発展させられたのも確かであるから、よくいわれるように鎌倉新仏教の成立をもって日本仏教の成立とみなすのは、一応もっともな考え方である。しかし、鎌倉新仏教の祖師たちの思想やそれら各宗のたてまえが、はたして現実にどこまで貫徹したといえるか、むしろ旧・新各宗派を通じて実際に共通の特色となっていたもっと大きなものがあったのではなかろうか。この点を考え直してみると、私はまず第一に平安仏教に注目し、第二段階として鎌倉仏教を考察するのが、適当であろうとおもうのである。

平安仏教は、宗派としては天台・真言の二宗が中心であるが、それは中国仏教移入のまま日本で広がったのではない。全般的にみれば、天台・真言それに南都の各宗、さらに陰陽道・神祇信仰まで含めて、おおよそあらゆる宗教的なものが、密教を中心に統合された「顕密」仏教という大枠を形成しながら発展したのが、平安仏教の実態であった。加持・祈禱、念仏、神仏習合、物忌み・占いなど、日本の宗教に根強くつづいた特色は、すべてこの時代に発達し、民衆にも浸透したのである。

この段階——それは平安時代の初頭、九世紀のはじめから十二世紀の後半にいたる長期のものだが、そのかたちが出そろうのは十一世紀すなわち摂関政治期から院政期へかけてのころである――で、国家＝政治権力と仏教との関係について定式化された教説が、「王法」と「仏法」とは相依り相助ける関係にあるとする王法仏法相依論であった。そこでは、古代律令制時代と同じく仏教の「鎮護国家」の役割が強調され、仏教は国家にとって不可欠の存在とさえ説かれた。そのためこの教説は、古代仏教以来の「国家仏教」的性格のものとみなされがちなのであるが、しかしそれは、単なる古代仏教の延長ではなかったようにおもわれる。

王法仏法相依論が古代仏教の立場を引きつぐ一面をもつことは明白だが、それは基本的には、むしろ新たな歴史的基盤の上に成立したものであった。それはさきにのべたように、密教を中心にすべての宗教が「顕密」仏教という大枠に統合され、そのなかで各宗派がその特色を競いあう体制が十一世紀段階で完成したことによるものであった。この体制は荘園制支配体系の成熟と相並び相互に関連しながら完成したものであったから、それだけにそこには世俗的な支配秩序ないし政治権力の編成原理が濃厚な影を落としていた。

その一つは、この時期に整えられた本地垂迹説である。これは教理としては天台教学の「本・迹」の高尚な哲理にもとづくところの大乗仏教の面目躍如たる教説であるが、当時実際には「垂迹」という言葉は、神仏など高貴な権威が地方へ天降り鎮座する意味に理解されていた例が多く、したがって、各地の土着の神祇は、じつは中央の権威と不可分の仏菩薩が別の姿をとったものであるとされたのである。

もう一つ重要なことは、この体制が一種の社会的・政治的勢力としての中央の大寺社——南都・北嶺をはじめとする——の発展とともに成立したことである。この時期の大寺社は、今日「僧兵」という言葉で一般に知られている寺院大衆＝衆徒および神人の強大な権威と勢力、膨大な寺社領の荘園や末寺・末社にみられるように、院・摂関家や国衙在庁と対立し紛争や合戦までも繰り返した特殊な社会的・政治的勢力であり、各寺社はいずれも世俗の権門（院・摂関家のちには幕府も）に匹敵する存在であった。そして、そのように対立し抗争をつづける諸権門勢力が、他方でそれぞれの職掌的な特色を掲げて補いあう関係にもあって、諸権門が全体として国家の支配権力を構成していたのが院政期以後の日本の中世の特色であった。だから、「王法・仏法」というときの王法とは、実際には国王（天皇）や世俗諸権門の権力と秩序、その統治をいい、仏法とは、現実の社会的・政治的勢力としての大寺社ないしその活動のことにほかならなかった。つまり、王法仏法相依とは、単に仏教が政治権力に奉仕することをいうのではなく、仏教が社会的・政治的に独自性を帯びた勢力を形成しながら国家全体の秩序の構成原理のなかに入りこんでいる政治と宗教との独特の癒着のしかたを意味していたのである。

それが王法仏法相依論の現実の基盤であった。

三

王法とは、言葉自体の意味としては、世俗的な政治権力ないし秩序のことであり、仏法とは仏教の崇高な哲理と教団の活動を指す。その王法と仏法とが相依り相助ける関係にあるものだというのであるから、ここでの王法というのが現実の利害むき出しの世俗権力そのままよりは、むしろあるべき権力として仏教的に理念化された概念であり、全体としてこれが仏教の側の発想あるいは主張から発生したものであることは、明らかであろう。

仏教が国家にとってどういう積極的な意義をもつものかという類の論説は、古代以来繰り返しのべられてきたが、「王法」と「仏法」を対《つい》にして論ずるやり方は、十一世紀のはじめごろからみられるようになる。寛弘四年（一〇〇七）に「発見」されたという聖徳太子製作の『荒陵寺（四天王寺）御手印縁起』（むろん偽作である）に「故に十七の憲章を製して王法の規模となし、諸悪莫作の教を流布して仏法の棟梁となす」という文があるが、これからみればこのころすでに王法と仏法という対《つい》概念が成立していたのであろう。

しかし、両者の関係をもっとも簡明に定式化して表現したものは、天喜元年（一〇五三）七月の東大寺領美濃国茜部荘司住人等解である。そこには「方今、王法仏法相双ぶこと、譬へば車の二輪、鳥の二翼の如し。若しその一として闕くれば、敢て以て飛輪することを得ず。若し仏法無くんば何ぞ王法有らんや。若し王法無くんば豈《あ》に仏法有らんや。仍て（仏）法興るの故に王法最も盛んなり」とある。また、保安四年（一一二三）七月の石清水八幡への『白河法皇告文』には「伏して惟《おもんみ》れば、王法は如来の付属に依て国王興隆す。是を以て仏法は王法保護してこそ流布すれ」とあるが、これにはインドの転輪聖王の理想をみることができ、事実当時のものに国王を転輪聖王に見立てた記述は少なくない。仏法が王法と対等であるだけでなく、むしろ理念的には仏法が優越しているのである。

このような表現は、元暦二年（一一八五）の『文覚四十五箇条』に「仏法は王法に依つて弘まり、王法は仏法に依つて保つ」とあり、元久二年（一二〇五）の『興福寺奏状』に「仏法王法猶し身心の如し」、『愚管抄』に「王法仏法牛ノ角ノ如シ」、『平家物語』にも「仏法王法牛角《ごかく》なり」「王法つきんとては仏法まづ亡ず、といへり」とあるなど、例は多いが、いずれも同じ趣旨のものである。

王法仏法相依論には、変形あるいは応用ともいうべきものがみられる。天永四年（一一一三）四月の石清水八幡への鳥羽天皇宣命には、「我朝は神道基を祐ける国、釈家趾を留めたる地なり、神威は皇威に依つて威を施し、神明は皇明に引かれて明を増す。神自《おのずか》ら貴からず、人に依つて貴し、教（仏教）自ら弘まらず、人に依つて弘まる」とある。「神道」ないし神を仏菩薩の慈悲の日本における特殊な発現形態という意味に理解し、それが天皇すなわち人（＝王法）と相互依存の関係にあるというのである。『関東御成敗式目』第一条冒頭の「神は人の敬に依つて威を増し、人は神の徳に依つて運を添ふ」というのも、これと同じである。

鎌倉時代の比叡山や高野山の関係文書にしばしばみられる「仏法人法の興隆」「仏法人法の繁昌」という語も、ここで注意すべきものである。慈円が神器についての夢想記で、「是等の内証外用、法爾の功徳、悉く具足せしめて、国を理《おさ》め民を撫《やすん》じ、災を攘《はら》い福を招き、国土の人法を成就せしむるは、いまこの真言教相の開悟するところなり」とのべているように、「理国撫民攘災招福」をもたらすことが人法の成就である。つまり、人法とは世俗生活のいとなみ、その秩序を意味する語である。仏教で「国家」といううちの、国王＝権力者に力点のある王法という言葉に比べると、より国土民衆に重点のある言葉であり、王法に近接する概念である。

嘉禎元年（一二三五）八月の四条天皇綸旨に日吉社について「仏法人法の興隆は、専ら神の助に依るべきなり」と述べ、弘安四年（一二八一）三月の高野山金剛三昧院草創事書注進状に「抑も仏法は必ず人法に依つて験を施し、人法はまた仏法に依つて運を保つ」とあるように、ここでも仏法と人法、そして神とが、互いに依存する関係におかれているのだが、王法仏法相依論の拡大あるいは応用として仏法人法相依論が発生しているのは興味深い。

このように王法仏法相依論には基本型から変型・応用型までいろいろあるが、たいていは一種の殺し文句として用いられていることが多い。しかし、その背後にはそれを通用させる現実の体制と思想があったのである。ここでは立ち入った説明をしないが、そうした思想をもっとも具体的かつ体系的にのべたものとしては、私のみるところ慈円の『愚管抄』こそ第一に挙げらるべきものであることを、指摘しておきたい。

四

さきに指摘したように、王法仏法相依論はもともと顕密仏教が世俗権力と結びついた体制の成立とともに、仏教の側の主導によって発展したものであり、その仏法とはただ観念的・思想的次元の意味にとどまらず、現実には膨大な堂舎・荘園・末寺と数多の衆徒・神人を擁し、強訴・合戦も辞さない社会的・政治的勢力を指すものであった。王法と仏法の相依とは、国家・社会の体制におけるそういう現実の勢力に関することであり、この寺社勢力は中世を通じて公家・武家に対する相対的独立性を保持していた。しかも、いままで引用したいくつもの例が示しているように、そういう思想ないし体制を、天皇・朝廷・公家諸権門のみならず鎌倉幕府＝武家もまた承認し擁護してさえいたし、室町幕府にいたってもそれを否認しきることはできず、その体制の決定的な否定は信長・秀吉の叡山・根来などの焼き討ちと大殺戮をまたなければならなかった。だから、王法仏法相依論は、顕密仏教とともに中世の国家および宗教の体制における本流の位置を占める思想であったといわなければならないのである。

しかし、このような王法と仏法との関係——その体制と思想——に対して、他方で批判的な考え方があったことにも注目すべきであり、それもかなり早くからあったとみなければならない。院政期の往生伝や説話の類に数多くその伝記をのこしている聖《ひじり》たちの言動には、消極的ながら明らかにそういう要素が含まれている。

しかし、そうした批判が本格的になるのは、いうまでもなく鎌倉新仏教の仏教革新運動においてである。この運動のなかで個々の人物が王法仏法相依の教説そのものにどういう態度で臨んだかについては、それぞれに検討が必要であるが、教説そのものについてはともかく、その結果としての目にあまる退廃現象には、きびしい批判が展開された。法然が造像起塔や智慧高才など雑行修善でなく専修念仏にこそ多数の「凡夫」の往生の道があると主張したのは、院政期の爛熟した仏教興隆への批判であり、客観的には『興福寺奏状』

が指摘するように王法と仏法とが身と心の関係にあるべき国土を乱すもの、つまり体制を糾弾するものであったし、親鸞が、「真実の仏教」を掲げた法然教団への弾圧を非難して「主上臣下、法に背き義に違し」といい、あるいは念仏を領主の「強縁」についてひろめることはすべきでないと説いたのも、王法仏法相依の現実への批判であった。

しかしながら、王法仏法相依の論理そのものを全面的に否定する態度は、彼らにもみられなかったとすべきだろう。王法の概念が、権力者の支配秩序を中心とするものに偏っているとはいえ、なお国土や民衆を含みうる意味をもつとすれば、親鸞のように「世のなか安穏なれ、仏法ひろまれ」と願う態度から「朝家の御ため国民のために念仏をま《(申)》ふし」という表現が出るのは、中世としてはほとんど避けられないことである。のみならず、聖道門や自力の浄土門という「化身土」もなお真実への「方便」であるとする立場であれば、実質において王法と絶縁して真実の仏教をのみ強調したのは確かであるとしても、王法との決別や対決をことさらに強調しないのもまた当然である。そして、そのことは、きびしく世俗の権力と絶縁した道元や一遍についてもいえるとおもう。

しかし、鎌倉新仏教のなかにはこれと異なる対応もみられた。栄西は「興禅護国」の論を著わし、『日本仏法中興願文』のなかでは「王法といふは仏法の主なり、仏法は王法の宝なり」といい、禅律を「仏法再興、王法永固」のためとしている。鎌倉後期に蘭渓道隆をはじめとする大陸の禅僧が渡来して幕府の保護の下で鎌倉禅をはじめたが、そこでは宋の宗風を伝えて皇帝の万歳が祈られていた。彼らが南都・北嶺の寺社勢力と異なる立場にあったことはいうまでもなく、その仏教刷新の情熱を疑う必要はないが、この点では俊芿・高弁・貞慶・叡尊など律系の諸師たちと共通するものがあったとみるべきであろう。

日蓮のばあいは、またこれと異なる。天台法華の再興を目指して出発した彼の「立正安国」の主張は、正法治国の思想を基調にするもので、とうぜん王法と仏法とは合致しなければならないとされた。というより、王法は正しい仏法をひろめ、仏法は王法に内容を与えることになる。強烈な仏法中心の思想ではあるが、王法との結合を積極的に主張する点で、念仏系とは正反対の立場をとる。

このように、鎌倉時代の仏教革新運動にみられる王法仏法相依論への態度は、微妙でもあり複雑でもあるが、かたちと度合いはさまざまであってもいわば仏法為本の原則だけは大きく確認されている点に、重要な特色があるといってよい。そしてそれが、よく知られているように幅広い民衆の社会的な動きに支えられてのものであった点に、時代の思想史的達成としての意義が指摘されなければならないし、また前述のような中国や朝鮮における国家と仏教との関係に対比して、アジアの仏教の歴史に独特の意義をもつことにも注目しなければならないのである。

五

しかしながら、この仏法為本はその後どこまで貫徹されただろうか。

鎌倉末期、親鸞の末裔本願寺の存覚は『破邪顕正抄』で、親鸞門徒が「仏法を破滅し王法を忽諸するよし」の世間の非難に反論して、「仏法王法は一隻の法なり、とりのふたつのつばさのごとし、くるまのふたつの輪のごとし、ひとつもかけては不可なり、かるがゆへに仏法をもて王法をまもり、王法をもて仏法をあがむ、（中略）一向専念のともがら、なんぞこのことはりをわすれんや、（中略）いかにいはんや専修念仏の行者、在々所々にして一渧をのみ一食をうくるにいたるまで、惣じては公家関東の恩化なりと信じ、別しては領主地頭の恩致なりとしる」とのべた。

その後さらに蓮如は「王法をば額にあてよ、仏法をば内心に深く蓄へよ」といい、その意味で「王法を本とし、仁義を先とすべし」ともいった。ここには往昔の王法仏法相依論の文言が、「仏法者」が従順に王法の支配を受けるべきことを宣言する言葉に転化しており、世間での王法為本と内心での仏法為本とが巧妙に組み合わされているのをみることができる。教義ないし思想における仏法為本がどこまで持続されたかの、これはひとつの例であるが、他の法然門下の諸派においても道元の後継者たちにしても、かたちこそ種々であるが、所詮仏法の王法に対するきびしい緊張は失われていったのである。

その上、鎌倉初頭以来、仏法為本の立場を掲げた祖師たちの教説が、中世を通じて実際にどれだけの範囲まで流布されたかにも留意する必要があろう。それらの教説のあるものはかなりの注目をあつめ喧伝されたのは事実であるが、しかし、一向一揆以前には少なくとも顕密仏教諸派と禅宗——つまり王法仏法相依論の各派——がその強大な権威の座を損なわれることはなかったのである。してみれば、はたして中世において仏法為本が貫徹し主流となったといえるだろうか。

近世の統一政権の出現と幕藩体制の成立によって、ごく一部を除いてすべての仏法は王法に屈服した。そして、明治初年の廃仏毀釈と国家神道の創出によって、仏法はまた改めて王法に屈服した。この二度の関係は、敗退でも精神における自立でもなくてやはり屈服であり、従属的な相互依存の甘受であった。これに比べれば、中世の王法仏法相依論では仏法がその独特の基盤に支えられて、はるかに自立性をもっていたといえる。

そのことをそれとしてここでもう一度見直すとともに、所詮「王法と仏法」ということが日本仏教の歴史にとっていかに重苦しく、そしてそれから解放されることのなかった中心問題でもあったことが、確認されなければならないとおもうのである。

愚管抄における政治と歴史認識

『愚管抄』は、鎌倉時代に書かれた異色の歴史書として知られているが、この書物を取り上げるについては、いままでいろいろな立場があった。

その一つは、『愚管抄』が単に歴史上の事件を記述するだけでなく「道理」ということを繰り返し強調しているところから、これを史論ないし一種の歴史哲学をのべたものとみて、歴史の法則ということについての著者の理論を分析してみる立場である。この立場では、『愚管抄』は思想書・哲学書として扱われる。つぎに、古代から中世へという大きな変革のなかで没落していく貴族階級の意識の典型として、取り扱う立場がある。『愚管抄』の著者が貴族政権の側に立ち、保元の乱以後を乱世として武士の世とみて、歴史は世のなかが次第に道理のない「末法」へ落ち下っていく過程だという悲観的な歴史観をのべているることは、明らかだからである。さらに、『愚管抄』の叙述に独特の文学的価値を見出し、そのよって来るものを掘り下げてみようという立場もある。実際、『愚管抄』は当時の日常語までも取り入れて仮名《かな》で書かれており、難解な部分もあるが叙述は生彩に富み興趣に満ちているのである。

『愚管抄』が書かれた時代は、それまでの貴族階級の支配秩序を切り崩しながら武士階級が自分たちの政権を確立し、農民など一般庶民もその社会的地位を向上させ人間的な自覚をたかめていった時代であった。この大きな社会的・政治的変革のなかで、あらゆる階層の人びとは、新しい社会のあるべき秩序や真実の価値や法則ということをそれぞれに模索し、日本史上でも際立って思想的いとなみの盛んな時代をつくり上げていた。法然にはじまるいわゆる新仏教の運動などもその著しい現われである。ここではそのようなたかまりから生まれた複雑多彩な思想状況の一部として『愚管抄』に注目し、これを中世初頭の緊迫した政治情勢のなかにおいてみて、独特の歴史観が生み出されてきた背景と、思想としての意義とを考えてみたい。

一

『愚管抄』は、著者の名をことさらに秘しているようにみえるが、その著者が慈円であることは、今日ではほとんど疑いをのこさないまでに明らかにされている。

〔摂関家略系図〕

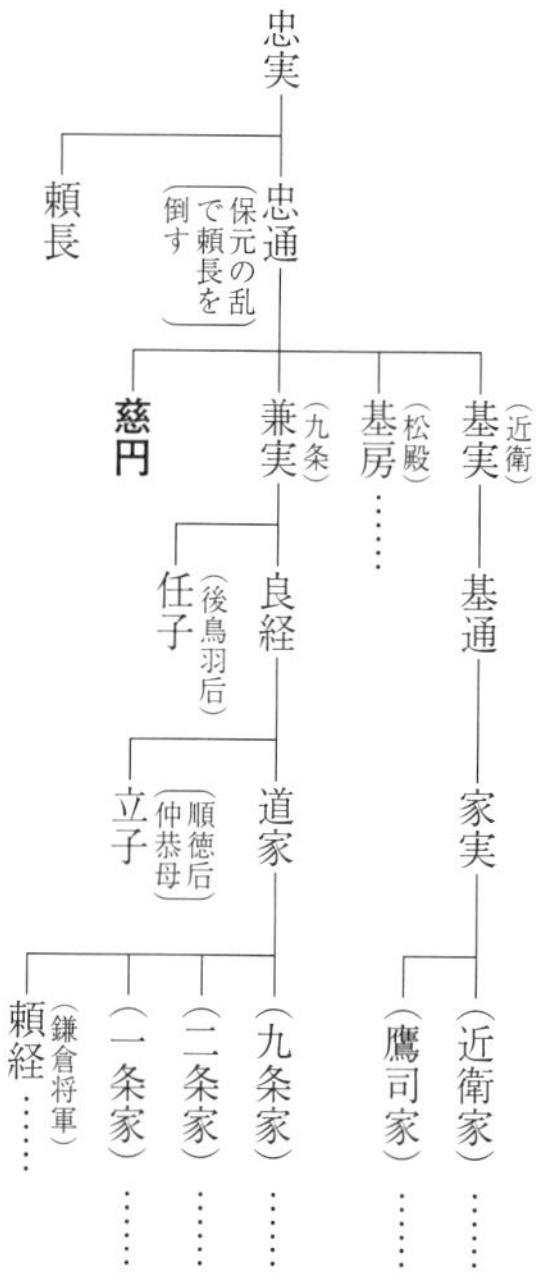

『愚管抄』の思想を語るについては、この著者慈円の生いたちと経歴、その政治的立場と信仰や教養、それにその著作の時期の特殊性などに注意することが、特別に重要である。それは、この書物が緊迫した危機意識の所産であり、特定の歴史的時点における著者の政治的、階級的立場に深くかかわる内容をもつからである。

慈円は、久寿二年（一一五五）、関白藤原忠通の末子として生まれた。それは、武士が政治権力争奪の舞台に登場する画期となった保元の乱の前年に当たっており、また、のち鎌倉初頭に摂政・関白として宮廷で権力の座についた九条兼実はその同母兄であった。保元の乱ついで平治の乱の後、後白河院政のもとで平清盛が急速に権勢を伸ばしていくが、摂関家では忠通の死後、その子の基実・基房・兼実の異母兄弟が、近衛・松殿・九条の三家に分立し、その上平氏の強権に翻弄されて昔日の権威を著しく失墜した。やがて治承寿永の内乱を経て鎌倉幕府が成立するという政治的・体制的な大変革の後も、近衛・九条の両家は朝廷での権勢をめぐって対立を続け、そういう状態のままで承久三年（一二二一）の承久の乱を迎える。そしてそれが、慈円の生涯のほとんどの時期をおおう政治状況の主要な経過であった。

慈円は二歳で母を、十歳で父を喪い、その翌年比叡山延暦寺の門跡の一つで当時は京都の東山にあった青蓮院の覚快のもとに入室し、十三歳で出家する。幼少で父母を喪った寂しさを彼は生涯忘れなかったが、しかし、彼の出家はそういう悲しみなど自身の意向からでなく、兄の兼実が九条家の勢力伸張を考えて決めたことであった。子弟を入寺させて兄弟の権勢争いの危険を緩和し、さらに寺院内に家門の勢力の扶植をはかる手段とするのは、当時の貴族の一般の風習であって、つまり慈円は、九条家の世俗的権勢の一翼となるために出家させられたのである。出家のはじめ彼は道快と称した。十三、四歳から覚快を師として台密三昧流の密教を学んで数年にして習得し、二十歳のとき大原の江文寺に参籠し、またそのころ法華を学んだ。二十一歳の四月叡山に登り、無動寺で千日入堂の修行にはいり、あたかも山上では学生《がくしょう》・堂衆《どうしゅう》の争いに乱闘が打ち続いていたときに、三年間の厳しい荒行に耐えぬいた。このあと下山した彼は、兄の兼実に、大寺院で世俗なみに権勢と名誉を追求するいまの〝世間〟生活を捨てて「隠居」すなわち真実の求道生活たる隠棲にはいりたいと申し出た。

しかし、九条家の勢力拡張を考えて彼を出家させた兼実は、隠棲に強く反対した。二年ほど去就に苦しんでいた彼は、二十七歳のとき（養和元年〈一一八一〉）、葛川明王院に参籠して倶利迦羅竜王の出現を感見し神秘に打たれる。そして、やがて翻意して兼実のすすめに従い、兼実とともに「仏法興隆」と「政道反素」（政治の姿を本来の正しい状態にかえす）という〝世間〟の途に邁進することになる。あたかも源頼朝が東国で挙兵し、平氏が都を福原に移し、内乱がたけなわにさしかかるころのことである。百人一首にもある有名な「おほけなくうき世の民におほふかなわがたつ杣にすみぞめのそで」の歌は、比叡山天台宗の伝統を受けて仏法をもって天下の民をおおうことを決意したこのころの彼の心境を示すものである。慈円と名を改めたのも、このころであった。

その年、覚快の死によって青蓮院門跡を継承した慈円は、翌年覚快と同流の全玄から灌頂を受け、またこのころから、かねて兼実が帰依していた西山三鈷寺の観性とも親近になり、秘法を伝授された。後年の慈円の著作類によれば、彼は密教のほかに法華および念仏を修したことがわかる（『本尊縁起』その他）が、最も本領とするところは密教であり、ことに観性の影響を受けて瑜祇経大成就品にもとづく仏眼曼荼羅を重んじ、仏眼仏母の信仰を密教の究極としていた。兼実との深いつながりは、この面にもあった。

慈円が教界において有力な地歩を築くについては、彼自身の能力もさることながら、兼実の意向によるところが甚だ大きい。すでに慈円は二十四歳の若さで法性寺座主に補され、その後三十三歳までに、覚快から引き継いだ極楽寺・法興院の別当職や三昧院・成就院の検校のほか、無動寺の検校、平等院・法成寺の執印などを兼務するようになるが、それはすべて兼実の尽力なしにはあり得ないものであった。慈円の「仏法興隆」という〝世間〟的活動は、兼実の「政道反素」という九条家の政治的立場と終始不可分のものであった。慈円の出自も社会的地位も、まぎれもない支配階級のそれであったこと、そのなかでも武家勢力成立期の最高の公家権門に属したこと、さらにとりわけ九条家の政治的立場に立つものであったこと——彼の強烈な密教的思考とともに、このような階級的政治的立場の特異性を抜きにして、慈円を語ることはできないのである。

二

それでは、九条家の政治的立場とはどういうものであったか。

武士勢力の台頭に対する公家の対応の姿勢には、十世紀の将門・純友の乱以来三百年に及ぶながい歴史があるが、それがことに重大な政治課題となったのは保元の乱以降のことである。保元以降その対応の中心の座にいてかれこれ画策の根源になっていたのは後白河院であったが、各権門や個々人としては武士に対して対立・連携・追従・陰謀などさまざまな態度があったなかで、九条兼実は近衛家のように平氏と連携するかりそめの栄華を求めず、永年にわたって右大臣の地位に甘んじていた。しかるに、平氏が滅亡し源頼朝の幕府が出現するに及んで、宮廷は大改造され、兼実は内覧の宣旨を受け、ついで幼帝後鳥羽天皇の摂政となり、ことに頼朝の人物を高く評価して、後白河院の嫌疑を覚悟のうえで、公家の権力を維持するために幕府と協調するという政治路線を打ち出してくる。それが同時に近衛家の排除を意図したものであることも、いうまでもない。そしてやがて娘の任子を入内させ、天皇の外戚となるための布石とした。そのうちに建久三年（一一九二）三月後白河院が死に、七月に頼朝が征夷大将軍になると、九条家は宮廷を制圧して確固たる前途を切り開いたかにみえたのである。

このような背景のもとに、慈円はその年の十一月仏教界最高の地位ともいうべき天台座主となり、また後鳥羽天皇の護持僧となった。そして、つづく数年間に兼実と協力して比叡山の無動寺に大乗院を興し、勧学講という法会を創設して比叡山教学の振興を企てた。

これには頼朝もまた財政的に援助するところがあった〈本章末『愚管抄』本文**11**、以下同じ〉。

しかるに、つづく数年間に、朝廷では土御門通親の画策により兼実が失脚し、後鳥羽院が院政を開始し、さらに頼朝も死んで、政局は一変した。後鳥羽院は九条家を排除しはしなかったが必ずしもその政治路線に従わず、近衛・九条両家をいわば均衡させてその勢力を操作し、また比叡山についても当時のことごとに対立していた梶井・青蓮院両門跡を平等に扱った。けれども、というよりそうなればなおさらのこと、慈円の後鳥羽院に対する護持僧としての忠誠心は変わらず、むしろ強められさえした。それは、祈禱をもって任とする護持僧と天皇・上皇との在来の関係をこえた親密なものであったが、おそらくそこには、和歌に格別の関心をもち、自らもその才に恵まれていた後鳥羽院と、これまた速詠をもって数多の秀歌をものし私歌集『拾玉集』をのこした慈円との、いま一つの結びつきもあずかって力があったのであろう。そのため、以後九条家の勢力はとかく振るわなかったにもかかわらず、また、慈円があるいは西山に隠棲しあるいは四天王寺に関心を寄せるなどのことがあったのに、慈円は天台座主に二度、三度、四度と重任されるというまったく異例の待遇を受けた〈**1**〉。彼は自己の根本道場として京都東山吉水に大成就院を建てて後鳥羽院の御祈禱所とし、さらに院から託されて皇子朝仁親王（道覚）を入室させて青蓮院の後継者に予定した。むしろそうすることによって、兼実の子息たちの相次ぐ早世のため振るわなかった九条家を、出家の慈円が肩入れし、もり立てていたわけである。

しかるに、こうするあいだに頼朝・兼実の協調期ははるかに過ぎ去り、鎌倉は鎌倉で北条氏や豪族相互の抗争など諸々の事件を経過した。そしてそのうちに、状況の必然として公武の関係は漸次緊張をたかめてゆき、公家勢力を一手に掌握し操縦していた後鳥羽院とその周辺は、年を追って幕府と対決の姿勢を整えていった。かつての兼実の政策といい後鳥羽院に対する親愛の情といい、慈円がこのことに無関心であろうはずはなかったが、彼と院との関係はかえって疎隔しはじめていた。彼は深い憂慮をもって、対処のすじみちを模索していたようであるが、やがて暗雲のなかに大きな晴れ間を見出したのである。建保四年（一二一六）、慈円はなにごとか山王権現の霊告を感じ、九条家にとって望ましい兆しを政局に見出す。実際その翌々年、夭折した甥の良経の娘立子が順徳天皇の皇子懐成《かねなり》（のちの仲恭天皇）を生んで皇太子に立てられ、道家（良経の子）がその傅《ふ》となりさらに左大臣となった。そして、その翌年（承久元年）将軍実朝が暗殺されて道家の子のわずか二歳の頼経が鎌倉へ下向し、将軍の後継に据えられたのである。それは九条家が公家・武家両方の統率の座をともに占めたことを意味する。慈円はこの事態を、九条家が公武協調の伝統的路線を「公武兼行」という形で実現する時機の到来とみて、いずれは頼経が成人してあの武士たちを統御し「君ノ御マモリ」にするにちがいない、これこそ日本国を加護する神々のはからいというほかないと、おもいつめる〈**8・9**〉。それが承久元年（一二一九）から翌年にかけての彼の心境であり、そのことを彼は気脈を通じ合っていた西園寺公経に書状で披瀝している。

『愚管抄』はこのような状況において述作された。『愚管抄』の著作年代については明証がなく、古来いくつかの説があったが、承久元年から翌年にかけてであろうことは、『愚管抄』の内容と慈円のさまざまの状況からみて、おそらく疑いないところである。

三

現存の『愚管抄』は、巻一の冒頭に簡単な「漢家年代」をおき、ついで「皇帝年代記」を巻一、二に記している。巻三から巻六までは神武から順徳にいたるいわば本編であって、その半ばが保元以後の慈円にとっての同時代史であることが注目される。さらに巻七（または「付録」）として、総括的に歴史を論じ、「道理」や怨霊や当面の政局に説き及んだ一巻がある。このほかとくに比叡山のことを記した「一帖」〈**1**〉＝「別記」があったとされ、その逸文とみられるもの〈**11**〉が知られているが、総じて『愚管抄』の本来の構成がどのようなものであったかは、まだ明確にされていない。

さて改めていうまでもないが、『愚管抄』は日本の歴史の推移を述べ、そこに「道理」があることを説き、当面の政治的危機に対処する方針を論じたものである〈**2**〉。慈円によれば、この歴史の推移は「正法」の世から「末法」の世へ落ち下る過程にほかならない。しかし、彼は当時行われていた仏滅年起算の正像末三時説のように「像法」ということをいわないし、永承七年（一〇五二）を末法第一年とすることもない。つまり、経典の記載によって他律的に末法説を立てるのでなく、日本の歴史の内実に即して設定するのである。慈円の末法観は公式の適用ではなく、洞察の所産である。巻三のはじめに「保元以後ノコトハミナ乱世ニテ侍《はべ》レバ、ワロキ事ニテノミアランズル」といっているが、その保元の乱以後とは「武者ノ世」にほかならず、そして「末代悪世、武士ガ世ニナリハテヽ、末法ニモイリニタレバ」（巻七）としているように、保元以後＝乱世＝武士＝悪＝末法という把握が、発想の根底にある〈**2**〉。

武士を根本的に悪とし、末法と見立てる発想は、彼が「世」あるいは「人」という言葉で示す歴史や社会の内容とも、深く関連している。彼がのべる歴史や社会の内容は、帝王の寿命や世系や扶翼する臣下と、宮廷中心の政権をめぐる角逐や内乱・興亡であり、そこへ武士が登場してくるということにすぎない。その関心が狭い上層社会の範囲にとどまっているのはやむを得ないとして、いま大切なのは、彼のいう「日本国ノ運命」とは具体的に何であり、危機意識の原点がどこにあるかを、しっかりみておくことである。

すなわち、日本国はまず、神武より十三代までの「御子《みこ》ノ王子ツガセ給」う正法の段階から出発する。ついで第十四代の仲哀は景行の孫だが、これは「国王御子ナクバ孫子ヲモチヰルベシトイフ道理イデキヌ」と把握される。神功皇后の摂政という異例の事態については、「ナニ事モサダメナキ道理」「男女ニヨラズ天性ノ器量ヲサキトスベキ道理」「母后ノオハシマサンホド、タヾソレニマカセテ御孝養アルベキ道理」などを末代の人に知らせるため因縁が和合したのだと説く。そのようにして、以後さまざまな異例が現われるけれどもそれらはみな、次第に傾いてゆく王法〈政治権力・秩序〉を支えるために現われてくる道理を、表わしているというのである。

だが、なかでもとりわけ重要なのは、一つには、仏法でもって王法を護る、仏法渡来のうえは仏法なしに王法はあり得ないという道理と、「臣下イデクベキ道理」すなわち〈藤原氏＝摂関家という〉臣下が国王を支えるという道理〈**3**〉とが現われてきたことであり、もう一つは、そうしたさまざまな道理にも軽重があるが、そのさい重きについて軽きを捨てるという道理があることが示されたことだ、とする。臣下が国王を水魚のおもいで補佐し、その王法をさらに仏法が護るという日本国の基本構造がここに設定され、さらにそれを補足するいろいろな道理があり、それらが整合的にはたらく道理がまた（より高次の）道理として確認されるというのである。しかし、それで日本国が安定を続けるわけではない。正法から末法へ落ち下るのは絶対的な必然であり、それは段階を踏んで進行していく。すなわち人びとの器量が次第に失せ、愚かなことだけが多くなり、それに対してしかるべき処置つまり時宜に適した道理が現われて、かろうじて王法を護ってはいくが、世はいよいよ末法の様相を深める。慈円は大化以後平安時代にいたる政治史のすべてを、そのようなものとして綴る。そしてついに「保元元年七月二日、鳥羽院ウセサセ給テ後、日本国ノ乱逆ト云《いふ》コトハヲコリテ後、ムサ《（武者）》ノ世ニナリニケルナリ」と断じ、「コノ次第ノコトハリ《（理）》ヲ、コレ（本書）ハセン《（詮）》ニ思テカキオキ侍《はべる》ナリ」（巻四）というのである。

　保元以後の同時代史の記述は、豊富でありリアルでもある。慈円は一つ一つの出来事の機微を見逃すまいとし、事実の不思議な展開に関心を寄せ、その意味を深く考え、歴史の過程に位置づけようとする。彼は、摂籙の臣や院の近臣の挙動もさることながら、義朝、清盛をはじめ大小の武士の行動にも細かく注目する。またことに深刻なのは、壇の浦で安徳天皇とともに宝剣が失われたことの意味である。彼はそれを「武士ノ、キミノ御マモリニナリタル世ニナレバ、ソレニカヘテウセタルニヤトオボユル也」〈**4**〉と解する（実は慈円は、建仁三年〈一二〇三〉六月宝剣について神秘的な夢をみ、それを密教的に意味づけたのを機にこの解釈に到達していたのである〈『慈鎮和尚夢想記』〉)。そして頼朝の人物をみるに、「ヌケタル(卓越した)器量ノ人」であり、王法の敵ではなく兼実と協力して武士たちを統御して「キミノ御マモリ」となる人物であったことを指摘し、「マコトニ朝家ノタカラナリケル者カナ」とまで賛辞を連ねるのである。実朝の暗殺、九条頼経の東下という現状についての慈円の分析は〈**8**・**9**・**10**〉、このような歴史的考察を背後の支えとして打ち出されてくる。そしてこのようにして末法の極みの、すべての道理が尽き果てたかにみえるなかになお一抹の光明が残存することを、霊感に憑かれた情熱をもって説きつづけるのである。

四

『愚管抄』は、歴史について「道理」を説いたことで、一種の歴史哲学的論述として知られるようになった。しかし彼のいう「道理」の意味は、実はそれほど明快なものではない。それは、彼の道理という概念が多義的ともいえるほど重層的な構造をもち、またそれによって示される歴史の法則性が決して単調なものではないからである。

慈円の道理は、まず「劫初劫末ノ道理」として説かれる。世界はそのはじめ(劫初)からおわり（劫末）へと「道理ノ道《みち》」を歩みくだりまた歩みのぼるのであり、大小の国々もまた始めから終わりへと下ってゆく。つまり正法から末法への推移は「法爾自然ニ」絶対的な法則の然らしめるところであるとする〈**4**・**7**〉。『愚管抄』の末法史観と呼ばれるものがこれである。しかし注意しなければならないのは、慈円はこの「道」を単調な一直線の下降とはみていないことである。たとえば、日本が百王の国といわれることについて、百帖の紙を使い使いしてのこり一、二帖になったとき新しく追加して使い、また減ったときまた追加して使うという例で説明している（巻三）ように、それは「法爾ノ様《やう》ナレバ力《ちから》ハヲヨ（及）バネドモ、仏法ニミナ対治《たいじ》ノ法ヲトク」ように相応の手だてによって「モテヲコシモテヲコシ」してある程度逆行させるダイナミズムを含むものとしてとらえるのである。仏神の加護、時宜にかなった人びとの努力の余地がそこに成立する。そしてこれが道理の第一の範疇である。

　しかし、歴史の一こま一こまを彩っている道理は、このような普遍的・全体的な法則ではない。そこにみられるのは歴史の各段階にみられる法であり、相対的なものであって、そこにはいわば時宜に適した諸々の真理ともいうべき第二の範疇の道理と、各段階の特質＝必然性＝不可避性ともいうべき第三の範疇の道理とが、二重に存在する。「仏法王法守ルベキ道理ノヲモサガ、其時ニトリテヒキハタラカザルベクモナキ道理ニテアリケルナリ」（巻三）というとき、前の道理はその段階での真理の内容を指すのに対し、後の道理はその段階のもつ必然性・不可避性を意味するのである。「冥ノ道理ノユク〳〵トウツリユクヲ顕ノ人ハヱ心得ヌ道理」という場合も同様である。すなわち、前の道理は、道理を「ツクリカヘツクリカヘシテ世ノ中ハスグル」というときのその道理であり、前述の「孫子ヲモチヰルベシトイフ道理」や「男女ニヨラズ天性ノ器量ヲサキトスベキ道理」などである。これに対して後者は、世が落ち下りながら「道理ノ道」がつくられていく各段階での、人びとの道理に対する態度の不可避的傾向＝必然性を指す。慈円はこれを一応七段階に分けて説明を試みているが〈**7**〉、その内容を簡略に整理すれば、(1)正常な道理がそのまま発現していく段階（一）、(2)道理の認識にちぐはぐが起こって調整されたり人びとがその取捨に迷ったりしながらも道理が存続する段階（二・三・四）、(3)道理がわからなくなり議論の果てに辛うじて結論が道理に合うこともあるがやがてなすことすべてが過誤に結着する段階（五・六）、(4)だれも道理を考えようともせず破滅に陥っていく段階（七）、ということになろう。そしてこれらの諸段階の特色は、いずれも道理のあり方の必然性＝不可避性を示すという意味で、それ自体がまた道理と呼ばれている。だから、歴史の過程では段階を追って道理が道理を生みつつ道理を失っていくと把握される。慈円は、このまわり灯籠の絵のように出現する道理の継起に、変転の哲理の限りない妙味を見出す。

けれども歴史は、慈円にとって観照にひたっていてすむ客観的な対象ではなかった。彼にとって歴史は、転落しつつ葛藤を続ける死闘場面の連続であった。それについて彼は、歴史に顕《けん》の世界と冥《みょう》の世界とをみた。普通にだれもがみることのできる顕の世界の裏には目にみえない冥の世界があり、そこでは一方に仏神の護り、神々の約諾、天道（梵天・帝釈天など仏法の守護神）のはからいなどがあり、他方に天狗・怨霊・悪魔の跳梁があって、この善と悪とが人の世を守ろうあるいは乱そうと闘っていた〈**5**〉。顕の世界で智解のある人が道理をわきまえて王法の護持に努力しているのと交響し合いながら、冥の世界でも世が末法へ傾斜を強めるのを持ち起こし持ち起こしする仏神の生々しい力がはたらいていた（ここでは仏神の意志ないし仏神自体は、絶対的真理あるいは法則というよりは神話的な存在であった）。彼はこの交響にも歴史の躍動のもう一つの側面をみ、冥の意志を「心得ル」ことによって顕の世界の人びとが道理にかなった予見に達することも、あり得ないことではないと力説するのである。天台の教学と密教の祈禱とをもって国家を鎮護する慈円の面目がそこにあった。

ところで慈円が歴史に道理を見出したといっても、彼がはじめて道理という概念を創出したというわけではない。古来仏教には「四種道理」の説など道理についての考察があったし、「法爾自然」ということも、当時全盛期に入りつつあった天台本覚法門で以前から重視されてきたところであった（田村芳朗『鎌倉新仏教思想の研究』第三章）。またこの時代には、法然が「法爾道理」を論じ親鸞が「自然法爾」を説いたほかに、北条泰時も社会秩序と法について「道理」を強調したことは周知のところで、激動のなかにたしかな真理を模索することはこの変革の時代の人びとの共通の思想的課題であった。そうしたなかで、慈円の説いた道理が叡山教学の膨大な蓄積の域を出ず既成のものの適用にすぎなかったのか、それとも新たな達成を含むものであったのかについては、今後さらに専門家の研究をまたなければならない。ただ、いずれにしても彼が叡山の教学を基盤にしていたことだけは疑いない以上、叡山の教学がこれまでにみたように歴史と政局についてそれなりに強靭な現実把握力をみせたということは、注目すべきこととしなければなるまい。

慈円は「皇帝年代記」をこの後も天皇の代ごとに書き継ぐべきものと考えていたようである。それが王法を護る山門（延暦寺）の使命であり、年代記を綴ることは歴史を観察してその法則＝行方を予見することであり、「未来智」を得ることであった〈**4**〉。それが道理を説く究極の意義であり、したがって『愚管抄』は当面の政局についての積極的な提言をその結論としなければならなかった。

五

慈円が当面の政局についてどのような判断に立ち、いかなる可能性に期待していたかは、さきにのべておいた通りである。『愚管抄』では彼は、東下した頼経が二十年後に武士を統御して君の御護りになるという判断と期待を、神秘に憑かれた筆で祈るように説きつづける〈**8・9・10**〉。そして情勢を、「一定タヾコトニハアラヌ也。昔ヨリナリユク世ヲミルニスタレハテ、ハ又《また》ヲコルベキ時ニアイアイタリ」と道理の信念をもって、討幕の挙兵は理にさからう暴挙であると指摘する。しかし後鳥羽院は、慈円の意見（『愚管抄』の内容）を知ってか知らでか、ついに顧みることなく、周知のように承久の挙兵に突入し、破滅に陥っていく。

要するに慈円の道理とは、政治的次元からいえば、九条家の政治路線——客観的にみて最も弾力性をもち賢明（狡猾）であったようにみえる柔軟な路線——の理論化にほかならなかった。そして、このように著者の生身《なまみ》について理解が深まれば深まるほど、『愚管抄』はかつて一部で考えられたような抽象的・論理的思弁の産物ではなく、おそろしく実際的なものであることがはっきりしてくる。しかし、そういう理解は、思想的著作から思索としての深みの魅力を減退させる味気ない見方というべきだろうか。それともすべて現実の思想とはそういうものだとみるべきであろうか。

単なる政治力学としてだけでなくそのなかに思想的性格を生じた契機を探ってみれば、つぎの点が指摘できるだろう。慈円はその路線を幕府と争ったのでなく、後鳥羽院周辺と争ったのである。だから、政治的立場としては両者に大した違いはなく、結局は後鳥羽院が武士を「君の御護り」にするか頼経がそうするかの差にすぎなかったともいえる。しかしそこには、武力による圧伏へ走るか、天与の条件の活用を思索するかという相違があり、そこに後者が道理と冥のはからいを見出す契機があった。そして、こうした緊張に裏づけられたものである以上、道理はあくまで能動的・実践的な指針として把握され〈**4**〉、ひいては歴史がその道理に沿うたたかいの過程として理解されることになる。法則や歴史のこのような把握は、注目すべきものといえよう。

当面の政局に対する思想の役割という点について考えてみると、まず、慈円が見出した可能性すなわち二十年後の頼経に託した期待は、『愚管抄』著作の時点での偶然の着想や思弁の産物ではない。それは九条家の歴史とともに成熟してきた論理が、承久元年（一二一九）の時点で現実のなかに確証をつかんだ可能性であった。つまり、この政治構造の次元で発見された可能性は九条家の伝統的な政治路線の所産であって、『愚管抄』がはじめて発見したものではないのだが、しかし、政治のなかにこうした可能性をとらえる論理を思想化してみせたのは、『愚管抄』でありその達成であった。武士という悪を君の御護りという善に転化させるという論も天台教学の善悪不二・魔仏一如の説に関連するといわれるが、所詮これらの論理は、四百年の蓄積をもつ叡山教学が九条家の政治的模索を媒介に発揮した実践的思惟方法であったのである。中世の顕密仏教（いわゆる旧仏教）は、日常的には神秘の儀礼と煩瑣な思弁でしかなかったが、危機にさいしてこのように強靭で実践的な論理をもって現実を認識し、可能性を追求する底力をまだ保持していたのであり、その限りそれは権門貴族の支配体制の生命力がまだ尽きておらず、支配者が新興の諸階級の攻勢に応対する余裕をもっていたことを示すものといえよう。実際、鎌倉幕府は武力では勝利したがはたして顕密仏教を圧倒するだけのイデオロギーをもち得たであろうか。泰時の「道理」は慈円の道理の壮大さの前にはたして何であり得ただろうか。幕府側にみられる質の新しさと将来性だけを一面的に評価して終わるのでなく、こうした全体の関係を見失わないことが、思想というものを考えるときには大切である。

慈円は「物ノ始終ハ有レ興、不思議ナリ」（巻五）、「一定《いちじょう》神々ノシイダサセ給ヒヌルヨトミユル、フカシギノ事ノイデキ侍リヌル也」（巻七）などと繰り返すが、これは決して単純な神秘主義や信仰ではない。歴史の不思議に興味を感じ、そこに法則を見出してくる態度には、真実の意味での余裕がまだのこされていることをみなければならない。『平家物語』の原作者に擬せられる信濃前司行長など「一芸ある者」を慈円が扶持したという『徒然草』第二二六段の所伝は有名であるが、慈円にはそういうところがあった。一般庶民が法然の専修念仏にひかれ、新しい思想的・宗教的ないとなみを開始し自己の蒙昧さを克服しはじめていたのは事実だが、慈円はそういう動きを冷ややかに見据えながら、しかも法然を陰でかばい大きく包括する思想的余裕と論理体系をもっていたのである。彼は『愚管抄』を書くについて、和語をもって物事を把握することの重要性を指摘し、そのためには仮名《かな》書きでなければならぬとした〈**6**〉。それは学的知識としての「漢才」に対して日常的・実際的な判断力を「大和心バへ」（巻三）、「大和ダマシイ」（巻四）と呼んだ貴族社会の感覚に通ずるもので、そこには文化というものを構造的に理解する態度がある。私たちはここに、危機の段階の思想状況における支配階級の対応能力と老練さをみなければならないとおもう。だがそうはいっても、支配階級が一律にそうだったわけではない。承久の乱後、公武の力関係が一変したにもかかわらず、形式的には慈円が指摘した政治体制——武士を「君の御護り」に位置づける関係——はともかくも存続した。しかし、それだけの客観的条件があったにかかわらず、慈円のような明確な認識と論理は結局は彼一人のものであった点に、やはり慈円の非凡さをみないわけにはいかないのである。

承久の乱の結果、慈円の公武協調の論理そのものはむしろ生き続ける形になったが、九条家の利害を軸にその実現を考えていた点では、彼もまた破綻した。彼が望みを託した仲恭天皇は廃位され、九条道家の摂政は解かれ、弟子道覚（後鳥羽院皇子）は西山に隠遁した。慈円は一時心身ともに打ちひしがれやがて回復したものの、そののちの数年間は、道家や将軍頼経や西園寺公経、さらには隠岐の後鳥羽院のためにひたすら祈願をつづけただけであった。しかし「皇帝年代記」については、彼自身承久三年（一二二一）仲恭天皇即位後に一度書き継ぎ、さらに書き継がれることを期待して四、五代分の余白をのこしておいたところへ、元仁元年（一二二四）二度目の書き継ぎをして承久の乱の結末なども記した。そして、後鳥羽院の隠岐での死を記して「如㆑夢〱」と嘆じた。嘉禄元年（一二二五）九月、慈円は近江の坂本の小島坊で七十一歳の生涯を閉じた。

『愚管抄』本文

〈1〉 慈円が四度までも天台座主になったのは、仏法が王法を護るという深い真実を表わす。だから山門のことを別に一巻記したとのべる。

此山座主《やまのざす》ノ間ニ前大僧正慈円ノ、四度マデ成《なり》テカク辞《じし》ケル事コソ、心得ガタクアサマシキ様ナレ。カウホド辞申《じしまうす》人ヲバ上《かみ》ヨリモイカニ成《なし》タビケルニヤ、又下ニモカウ辞申ベクバ、イカニシテ又ナリ〳〵ハセラレケルニヤ。イカニモ〳〵是ハ様《やう》アルベキ事ニヤ。カヤウノ事ハ山門ノ仏法、王法ト相対スル、仏法ノマコト見ヘテ侍《はべり》ケリ。平ノ京(1)ニウツラル、始ニ、此山門(2)建立《こんりふ》セラレテ、イカニモ〳〵ヤウアルベキ事ニテ侍《はべる》トアラハニ覚ユレバ、山門ノ事ヲ此奥ニ一帖(3)カキアラハシ侍ル也。其ニ細《こまか》ニカヤウニ覚束《おぼつか》ナキ事ドモヲバ中ヒラカンズル也（巻二）。

（1）＝平安京。（2）＝比叡山延暦寺。（3）＝後掲〈**11**〉はその一部か。

〈**2**〉『愚管抄』全体の序文的記述。保元以後は乱世であるがそこに道理をみるべきことをのべる。

年ニソヘ日ニソヘテハ、物ノ道理ヲノミ思ツヾケテ、老ノネザメヲモナグサメツヽ、イトヾ、年モカタブキマカルマヽニ、世中《よのなか》モヒサシクミテ侍レバ、昔ヨリウツリマカル道理(1)モアハレニオボエテ、神ノ御代ハシラズ、人代トナリテ神武天皇ノ御後、百王トキコユル、スデニノコリスクナク八十四代ニモ成ニケルナカニ、保元ノ乱イデキテノチノコトモ、マタ世継《よつぎ》ガモノガタリ(2)ト申モノモカキツギタル人ナシ。少々アリトカヤウケタマハレドモ、イマダエミ《(見)》侍ラズ。ソレハミナタヾヨキ事ヲノミシルサントテ侍レバ、保元以後ノコトハミナ乱世ニテ侍レバ、ワロキ事ニテノミアランズルヲハバカリテ、人モ申ヲカヌニヤトヲロカニ覚《おぼえ》テ、ヒトスヂニ世ノウツリカハリオトロヘクダルコトハリ、ヒトスヂヲ申サバヤトオモヒテ思ヒツヾクレバ、マコトニイハレテノミ覚ユルヲ、(3)カクハ人ノオモハデ、道理ニソムク心ノミアリテ、イトヾ世モミダレヲダシカラヌコトニテノミ侍レバ、(4)コレヲ思ツヾクル心ヲモヤスメント思テカキツケ侍《はべる》也。皇代年代記(5)アレバヒキアワセツ、ミテ、フカク心ウベキナリ（巻三、序）。

（1）＝日本の帝王は百代まで続くといういい伝えがあるが。（2）＝『大鏡』。（3）＝道理がたっているようにばかりおもわれるのに。（4）＝穏やかでないことばかりあるから。（5）＝巻一、二を指す。

〈**3**〉天照大神と天児屋根命の約束で、臣下が国王をたすけ、その王法を仏法が護るという段階になったとする。

サテコノ、チ、臣家ノイデキテ世ヲオサムベキ時代ニゾ、ヨクナリイル時マデマタ天照《あまてる》大神《おほんがみ》アマノコヤネノ春日《かすが》ノ大明神ニ同《ク》侍《ヒテ》二殿内《ニ》一能《ク》為《セ》二防護《ギルコトヲ》一ト御一諾ヲハリニシカバ、臣家ニテ王ヲタスケタテマツラルベキ期《ご》イタリテ、大織冠(1)ハ聖徳太子ニツヾキテ生レ給テ、又女帝ノ皇極天皇《の》御時、天智天皇ノ東宮ニテオハシマスト、二人シテ、世ヲヲシヲコナイケル入鹿(2)ガクビヲ節会《せちゑ》ノニハニテ身《み》ヅカラキラセ給ヒシニヨリ、唯国王之威勢バカリニテコノ日本国ハアルマジ、タヾミダレニミダレナンズ、臣下ノハカラヒニ仏法ノ力ヲ合《あはせ》テ、トオボシメシケルコトノハジメハアラハニ心得ラレタリ。サレバソノヲモムキノマ、ニテ、今日マデモ侍《はべる》ニコソ（巻三、皇極）。

（1）＝藤原鎌足。（2）＝勝手に政治を執行していた。

〈**4**〉 壇の浦で宝剣が海に沈んでしまったことの意義をのべ、そのようにすべてのものは宇宙の法則に従っておのずから移り変わるが、その道理を知れば未来も予見でき、政治もうまくいくとする。

抑《そもそも》コノ宝剣ウセハテヌル事コソ、王法ニハ心ウキコトニテ侍《は》ベレ。コレヲモコ、ロウベキ道理サダメテアルラント案ヲメグラスニ、コレハヒトヘニ、今ハ色(1)ニアラハレテ、武士ノキミノ御マモリトナリタル世ニナレバ、ソレニカヘテウセタルニヤトヲボユル也。ソノユヘハ太刀ト云フ剣《つるぎ》ハコレ兵器ノ本《もと》也。コレハ武ノ方《かた》ノヲホンマモリ也。文武ノ二道ニテ国王ハ世ヲオサムルニ、文ハ継体守文《けいていしゆぶん》トテ、国王ノヲホン身ニツキテ、東宮ニハ学士、主上ニハ侍読《じとく》トテ儒家トテヲカレタリ。武ノ方ヲバコノ御マモリニ、宗廟ノ神モノリ(2)テマモリマイラセラル、ナリ。ソレニ今ハ武士《の》大将軍世ヲヒシト取テ、国主、武士《の》大将軍ガ心ヲタガヘテハ、ヱヲハシマスマジキ時運ノ、色《いろ》ニアラハレテ出キヌル世ゾト、大神宮八幡大菩薩モユルサレヌレバ、今ハ宝剣モムヤ(3)クニナリヌル也。高倉院ヲバ平氏タテマイラスル君ナリ。コノ陛下ノ兵器ノ御マモリノ、終《つひ》ニコノヲリカクウセヌル事コソ、アラハニ心ヱラレテ世ノヤウアハレニ侍《はべ》レ。大方ハ上下ノ人ノ運命モ三世ノ時運モ、法爾自然(4)ニウツリユク事ナレバ、イミジクカヤウニ思ヒアハスルモ、イハレズ(5)トヲモフ人モアルベケレド、三世ニ因果ノ道理ト云《いふ》物ヲヒシトヲキツレバ、ソノ道理ト法爾ノ時運トノモトヨリヒシトツクリ合セラレテ、ナガレクダリモヱノボル事ニテ侍《はべる》ナリ。ソレヲ智フカキ人ハコノコトハリノアザヤカナルヲヒシト心ヘツレバ、他心智未来智(6)ナドヲヱタランヤウニ、スコシモタガハズカネテモシラル、也。漢家ノ聖人ト云孔子・老子ヨリハジメテミナコノ定《ぢやう》ニカネテイ、アツルナリ。コノ世ニモスコシカシコキ人ノ物ヲオモヒハカラフハ(7)、随分ニハサノミコソ候へ。サル人ヲモチイラル、世ハヲサマリ、サナキ人ノ、タヾサシムカイタルコトバカリヲノミサタスル人ノ、世ヲトリタル時ハ、世ハタヾウセニヲトロヘマカルトコソハウケ玉《たま》ハレ（巻五、後鳥羽）。

(1)＝表面に。(2)＝乗り移って。(3)＝無益。(4)＝法のままに自ら然らしむる。(5)＝理由がない。(6)＝他人の心のうちを知る智と未来を知る智。(7)＝当面のこと。

〈5〉 平氏・源氏の滅亡の様子をみると、目にみえるところでは武士の世であるとしながら、神のおぼしめしと怨霊のしわざによって、このように滅亡してゆくと考えられる、という。

平氏ノアト方《かた》ナキホロビヤウ、又コノ源氏頼朝将軍昔今《むかしいま》有難キ器量ニテ、ヒシト天下ヲシヅメタリツルアトノ成行《なりゆく》ヤウ、人ノシワザトハヲボヘズ。顕ニハ武士ガ世ニテ有《ある》ベシト、宗廟ノ神モ定メヲボシメシタルコトハ、今ハ道理ニカナイテ必然ナリ。其上ハ平家ノ多ク怨霊モアリ、只冥ニ因果ノコタヘユク(1)ニヤトゾ心アル人ハ思フベキ（巻六、順徳）。

（1）＝因果の道理が感応して進行してゆく。

〈6〉 仮名《かな》書きにすることが末法の世にはふさわしく、また日本語の本来の姿で表現することは重要だと説く。

今カナニテ書事タカキ様ナレド、世ノウツリユク次第トヲ心ウベキヤウヲ、カキツケ侍《はべる》意趣ハ、物ジテ僧モ俗モ今ノ世ヲミルニ、智解ノムゲニウセテ学問ト云コトヲセヌナリ。学問ハ僧ノ顕密ヲマナブモ、俗ノ紀伝・明経ヲナラフモ、コレヲ学スルニシタガイテ、智解ニテソノ心ヲウレバコソヲモシロクナリテセラル、コトナレ。スベテ末代ニハ犬ノ星ヲマモルナンド云ヤウナルコトニテヱ心ヘ(1)ヌナリ。〈中略〉左右ナクフカタチシテ本書(2)ヨリ道理ヲシル人ハ 定《さだめて》侍ラジ。ムゲニ軽々ナル事（言葉）バ共ノヲ、クテ、ハタト・ムズト・キト・シヤクト・キヨトナド云事ノミヲホクカキテ侍ル事ハ、和語ノ本体ニテハコレガ侍ベキトヲボユルナリ。訓ノヨミナレド、心ヲサシツメテ字尺(3)ニアラハシタル事ハ、猶心ノヒロガ(4)ヌナリ。真名ノ文字ニハスグレヌコトバ(5)ノムゲニタヾ事ナルヤウナルコトバコソ、日本国ノコトバノ本体ナルベケレ。ソノユヘハ、物ヲイヒツヾクルニ心ノヲホクコモリテ時ノ景気[6]ヲアラハスコトハ、カヤウノコトバノサハ〳〵トシラスル事ニテ侍ル也（巻七）。

（1）＝犬が星を見守っていてもその意味を知り得ないように。（2）＝古典。（3）＝字義の解釈。（4）＝広くならない。（5）＝漢字にするとひきたたない言葉。（6）＝気配。

〈**7**〉『愚管抄』の道理の思想を最も要約的にのべた部分。世の始めから終わりへ落ち下る基本法則と、日本歴史上にみる道理の段階と、しかも落ち下るのをもちこたえさせるさまざまな努力とを説く。

コノヤウニテ世ノ道理ノウツリユク事ヲタテムニハ、一切ノ法ハタヾ道理ト云《いふ》二文字ガモツナリ。其外ニハナニモナキ也。ヒガコトノ道理ナルヲ、シリワカツコトノキハマレル大事ニテアルナリ。コノ道理ノ道ヲ、劫初[1]ヨリ劫末ヘアユミクダリ、劫末ヨリ劫初ヘアユミノボルナリ。コレヲ又《また》大小ノ国〳〵ノハジメヨリヲハリザマヘクダリユクナリ。コノ道理ヲタツルニ、ヤウ〳〵サマ〴〵ナルヲ心得ヌ人ニコヽロヱサセンレウ（料）ニ、セウ〳〵心ヱヤスキヤウカキアラハシ侍べシ。

一、冥顕和合シテ道理ヲ道理ニテトヲスヤウハハジメナリ。コレハ神武ヨリ十三代マデカ。

二、冥ノ道理ノユク〳〵トウツリユクヲ顕ノ人ハヱ心得ヌ道理、コレハ前後首尾ノタガヒ〳〵シテ、ヨキモヨクテモトヲラズ、ワロキモワロクテモハテヌヲ、人ノヱ心得ヌナリ。コレハ仲哀ヨリ欽明マデカ。

三、顕ニハ道理カナトミナ人ユルシテアレド、冥衆ノ御心ニハカナハヌ道理ナリ。コレハヨシト思テシツルコトノカナラズ後悔ノアルナリ。ソノ時道理ト思テスル人ノ、後ニヲモヒアハセテサトリ知《しる》也。コレハ敏達ヨリ後一条院ノ御堂ノ関白(2)マデカ。

四、当時サタシヌル間ハ、我モ人モヨキ道理ト思《おもふ》ホドニ、智アル人ノイデキテ、コレコソイハレナケレト云トキ、マコトニサアリケリト思返ス道理ナリ。コレハ世ノ末ノ人ノフカクアルベキヤウノ道理ナリ。コレマタ宇治殿(3)ヨリ鳥羽院ナドマデカ。

五、初ヨリ其儀両方ニワカレテヒシ〱ト論ジテユリユクホドニ、サスガニ道理ハ一《ひとつ》コソアレバ、其道理ヘイ、カチテ(4)ヲコナフ道理ナリ。コレハ地体(5)ニ道理ヲシレルニハアラネド、シカルベクテ威徳アル人ノ主ナル時ハコレヲ用ル道理也。コレハ武士ノ世ノ方《かた》ノ頼朝マデカ。

六、カクノゴトク分別シガタクテ、トカクアルイハ論ジアルイハ未定ニテスグルホドニ、ツイニ一方ニツキテヲコナフ時、ワロキ心ノヒクカタニテ、無道ヲ道理トアシクハカライテ、ヒガコトニナルガ道理ナル道理ナリ。コレハスベテ世ノウツリユクサマノヒガ事ガ道理ニテ、ワロキ寸法(6)ノ世々ヲチクダル時ドキノ道理ナリ。コレ又後白河ヨリコノ院(7)ノ御位マデカ。

七、スベテハジメヨリヲモ(思)ヒクワダツルトコロ、道理ト云モノヲツヤ〱(8)ワレモ人モシラヌアイダニ、タヾアタルニシタガイテ後《あと》ヲカヘリミズ、腹寸白《はらにすばく》（9）ナドヤム人ノ、当時ヲコラヌトキ、ノドノカハケバトテ水ナドヲノミテシバシアレバ、ソノヤマイヲコリテ死行《しにゆく》ニモヲヨブ道理也。コレハコノ世ノ道理ナリ。サレバ今ハ道理イフモノハナキニヤ。

コノヤウヲ、日本国ノ世ノバジメヨリ次第ニ王臣ノ器量果報ヲトロヘユクニシタガイテ、カヽル道理ヲツクリカヘ〳〵シテ世ノ中ハスグルナリ。劫初劫末ノ道理ニ、仏法王法、上古中古、王臣万民ノ器量ヲカクヒシトツクリアラハスル也。サレバトカク思《おもふ》トモカナフマジケレバ、カナハデカクヲチクダル也。カクハアレド内外典ニ滅罪生善ト（イフ）道理、遮悪持善トイフ道理、諸悪莫作、諸善奉行トイフ仏説ノキラ〳〵トシテ、諸仏菩薩ノ利生方便トイフモノ、一定マタアルナリ。コレヲコノハジメノ道理ドモニコ、ロヘアハスベキナリ。イカニ心得アハスベキゾトイフニ、サラニ〳〵人コレヲオシフベカラズ。智恵アラン人ノワガ智解《ちげ》ニテシルベキナリ（巻七）。

（1）＝この世の初。（2）＝藤原道長。（3）＝藤原頼通。（4）＝議論して勝って。（5）＝本来。（6）＝手順。（7）＝後鳥羽院が天皇在位の時まで（建久九年まで）。（8）＝少しも。（9）＝回虫によって生ずる病気。

〈**8**〉　頼経が将軍の後継者になったことを文武兼行のしるしとみ、これが神のはからいか、天狗などの仕業でないかもよく考えよという。

イマ左大臣(1)ノ子(2)ヲ武士ノ大将ニ、一定《いちぢやう》八幡大菩薩ノナサセ給ヒヌ。人ノスル事ニアラズ、一定神々ノシイダサセ給ヒヌルヨトミユル、フカシギノ事ノイデキ侍リヌル也。〈中略〉サレバ摂籙家《せつろくけ》ト武士家《ぶしけ》(3)トヲヒトツニナシテ、文武兼行シテ世ヲマモリ、君ヲウシロミマイ(4)ラスベキニナリヌルカトミユルナリ。コレニツキテ昔ヲ思ヒイデ今ヲカヘリミテ、正意《しようい》ニヲトシスヱテ(5)邪ヲステテ正ニキスル道ヲヒシト心ウベキニアヒ成テ侍《はべる》ゾカシ。先《まづ》コレニツキテ、是ハ一定大菩薩ノ御計《おんはからひ》カ、天狗・地狗ノ又シハザカトフカクウタガウベシ。コノウタガイニツキテ、昔ヨリ怨霊ト云物《いふもの》ノ世ヲウシナイ人ヲホロボス道理ノ一ツ侍《はべる》ヲ、先《まづ》仏神ニイノラルベキナリ（巻七）。

（1）＝九条道家。（2）＝頼経。（3）＝摂関家と将軍家。（4）＝後見。（5）＝帰着させて。

〈**9**〉いまの日本国にはまだ可能性がのこっていることを指摘し、対策を説く。

一定タヾコトニハアラヌ也。昔ヨリナリユク世ヲミルニ、スタレハテ、又《また》ヲコルベキ時ニアイアタリタリ。コレニスギテハウセムトテハイカニウセムズルゾ(1)。記典《紀伝》・明経モスコシハノコレリ。明法・法令モチリバカリハアンメリ。顕密ノ僧徒モ又《また》過失ナクキコユ。百王ヲカゾフルニイマ十六代ハノコレリ。今コノ二歳ノ人々(2)ノヲトナシク成テ(3)、世ヲバウシナイモハテ、ヲコシモタテムズル(4)ナリ。「ソレ今廿年マタンマデ武士ヒガコトスナ〳〵、ヒガコトセズハ自余ノ人ノヒガコトハトヾメヤスシ」ト仰《おほせ》キカセテ、神社・仏事《(寺)》、祠官・僧侶ニヨケラカナラン庄薗サラニメヅラシクヨセタビテ(5)、「コノ世ヲ猶《なほ》ウシナハン邪魔ヲバ、神力・仏力ニテヲサヘ、悪人反道《(逆)》ノ心アラントモガラヲバ、ソノ心アラセヌサキニメシトレト祈念セヨ」ト、ヒシト仰ラレテ、コノマイナイ献芹《けんきん》(6)スコシトヾメラレヨカシ。世ニヤスカリヌベキコトカナトコソ、神武ヨリケフマデノ事ガラヲミクダシテ思ヒツヾクルニ、コノ道理(7)ハサスガニノコリテ侍ル物《もの》ヲトサトラレ侍レ（巻七）。

（1）＝これ以上に失せようにもどう失せようがあろうか。（2）＝懐成親王と九条頼経。（3）＝成人して。（4）＝世を失いもし興しもする。（5）＝寄進して。（6）＝わいろと献上物。（7）＝すたれ果ててはまた興る道理。

〈10〉 昔もいまも伊勢・春日・八幡の約束によって日本が維持されていると説く。

トヲクハ伊勢大神宮ト鹿島ノ大明神ト、チカクハ八幡大菩薩ト春日ノ大明神ト、昔今ヒシト議定シテ世ヲバモタセ給フナリ。今文武兼行シテ君ノ御ウシロミアルベシト、コノ末代、トウツリカウウツリシモテマカリテ(1)、カクサダメラレヌル事ハアラハナルコトゾカシ（巻七）。

（1）＝ああ移りこう移りしていって。

〈11〉 山門のことをのべた「一帖」（**〈1〉**）のうちの一部分とみられる文であって、これは慈円が創始した勧学講についてのべたもの。

無動寺検校ニテ慈円法印ヲハシケル。法性寺ドノ(1)ノ子ニテアレバニヤ、当時摂政(2)一腹一父ノ兄弟ニテ、卅八ニナリケルヲ権僧正ニナサレテ座主ニ成ニケリ。頼朝ノ将軍トイミジク和歌ナドヨミカハシテ、知己ニナラレニケレバ、カタ〲ヲリニアヒタリケリ。出家ノハジメヨリ遁世ヲノミ心ニカタケル《マヽ》人ニテ、一日モ、治山ノアヒダ、興隆仏法ノ外ニ他ノ思ナシトテ、勧学講トイフ無二無三前代未聞ナル講ヲハジメテ、イマヽデ卅年バカリニナルラムニ、山門仏法ヲバユルガズ、タヾコノ講バカリゾヒカヘタルゾト、他門マデモ沙汰セラレケリ。藤島(3)トイフ所、越前国白山ニ将軍ヨセタル所アリケルヲ頼朝京ニノボリタリケルニ対面シテ、イミジクイヒアハセテ、又コノ勧学講ノ用途ニモヨセサセテ、宣旨ナドマデ申下テ、マヅ千石ヲ沙汰シイダシテ、百人ノ結衆ヲ三塔ニムスビテ、ハジメテヲコナヒケルホドニ〈後略〉(『門葉記抄』所収愚管抄逸文。なおこの逸文は、叡山文庫蔵『無動寺勧学講記』にもみられる)。

(1)=藤原忠通。(2)=九条兼実。(3)=越前国藤島荘。

日本宗教史上の「神道」

はじめに――課題と目的

神道が日本の宗教を特徴づける重要な要素であることは、よく知られている。普通それは、つぎのように理解されている――神道は自然崇拝など原始的宗教の性格を濃厚に保持しており、穢れを避けるなどの禁忌はもつが体系的な教義はもたない。神社など各種の施設や儀礼が整えられてはいるが、民間信仰としてもさまざまな形態で存在している。また日本の古い神話は神道を重要な要素としており、祖先崇拝や天皇崇拝も神道を基盤にしている。総括的にいえば、神道は日本の固有信仰（土俗宗教）であって、原始の段階から現代にいたるまで連綿とつづいてきた、と。

神道が日本の歴史と文化に果たしてきた役割については、多くの人が論じているが、その際、神道と歴史上の姿のとらえ方には、論者によって若干の差異がある。私のみるところ、それは二つのタイプに大別できる。まず第一は、神道と呼ばれた宗教が、仏教・儒教などが普及したにもかかわらず、日本の歴史上絶えることなく続いてきた、と考えるものである。これは一般の常識となっているものであるが、とりわけ神道家、神道学者が確信しているところでもある。第二は、「神道」という名称であったかどうかは別として〝神道的な〟信念が歴史上つねにあったと考えるもので、日本文化論や思想史研究の次元で多くみられるものである。これは遡れば十八世紀の国学者本居宣長にはじまる考え方であり、近くは柳田国男の日本民俗学に関する膨大な著作における民間信仰の理解にも共通するものである。堀一郎がR・N・ベラーやチャールス・エリオットの主張に共鳴して、神道ないし「神道的なもの」を「日本文化の潜在意志」と意義づけ、それが、日本人が諸々の宗教や儀礼を「雑居的に」とりいれ併存させながらしかも日本風なものに変質させていく際の、主体としての役割を果たしてきたと論じている(堀一郎『聖と俗の葛藤』一九七五年)のも、その一例である。また丸山真男が、日本人の歴史意識について思想史の立場から、記紀神話にみられる思考の論理が、それ以後の諸時期で種々の思想が獲得され蓄積されたにかかわらず、依然「古層」として存在し続けたと主張した(丸山真男「歴史意識の「古層」」丸山編『歴史思想集』一九七二年)ときも、そうである。丸山は、本居宣長はいうまでもなく、「江戸時代の神道系思想家から昭和の日本精神論者まで」の主張に含まれる「ある種の直観から出た真実」さえも肯定的に評価し発展させようとしているのである。

われわれの考察では、この第二の考え方にとくに注意しなければならないが、しかしそれは第一のそれと無関係なものではない。両者はいわば表層と深層にも似た関係にあるのだから、どちらも念頭に置く必要がある。さて第二の見地によれば、(a)神道は日本人とともに永続的である、とされる。それは、堀の言葉を借りれば「日本文化の潜在意志」であり、外来の多様な文化を変質し同化する潜在的主体性であり、本居宣長の表現では、どの時代のどの文化も(仏教や儒教でさえも)「皆ひろくいえばその時々の神道」(『答問録』)ということになる。(b)したがって、神道そのものは仏教や道教と並ぶ一宗教といえるにしても、「神道的なもの」は日本人の民族的な文化意志または活力であり、宗教以前のあるいは宗教を超えた習俗であり、その意味で〝神道の世俗性〟が強調されることになる。そこで論者が好むと好まざるとにかかわらず、このことの強調は、明治憲法下で国家神道を宗教でないとして全国民の思想と信教を拘束した事実および今日一部にみられる国家神道復活の動きに、無関係ではあり得ないことになる。(c)この考え方によれば、みたところ日本人が仏教徒であると同時に神道信者でもあるという「日本人の宗教の雑居性」は、日本文化の不変の特質の一表現とみなされる。そして、こうした定式が歴史上のあらゆる文化現象の解釈に適用されると、論理的・統一的・整合的な世界観への努力の跡よりは、雑多で便宜主義的で没論理的・無思想的な思考態度が、より「日本的なもの」として肯定的に称揚されることになる。

このように、第一の考え方に比べて第二の考え方は、発想も主張の重点も相当異なっている。したがって両者を一括して批判するのは混乱を招きやすく、それぞれの主張の当否を全面的に論ずるには、それぞれに異なった角度からの配慮が必要になる。だが、考えてみれば、歴史を通じて神道が独自の宗教として自立しつづけてきたとみなしそれを重視することでは、いずれも同じであり、その点では両者は互いに補強しあう関係にさえある。しかし私は、これらの考え方は事実認識において不正確なばかりか、日本の歴史と文化の理解としても一面的であると考えるので、この論文では、近代以前には自立的な宗教としての神道なるものはまだ存在しなかったことを、論証したい。論証の進め方としては、(1)通説が「神道」という語に民族的自意識が含まれていると強調するのにたいし、「神道」の語の実際の意味を明らかにしてそれが現代の語義と異なることを指摘し、(2)伊勢神宮や朝廷・国衙《こくが》の儀礼に〝純神道〟が存続していたという主張にたいして、それらがそのまま、日本で形成された独特の仏教の体系の一部になっていたことを指摘し、(3)神道が世俗的役割をもち仏教とは異なる次元の存在であったとする主張にたいして、その〝世俗性〟こそが仏教的原理の貫徹の姿であり宗教的なものであることを論ずる。以上をここでは古代と中世に分けて考察するが、これが本章の大部分となる。(4)そして最後に、「神道」の語を日本の固有信仰（土俗宗教）または民族宗教の意味とする用語法および思想が創出されていく歴史的諸段階を概観し、日本宗教史における〝自立的宗教としての神道〟の位置を明らかにしたい。

一　『日本書紀』における「神道」

「神道」という語を、今日一般の人は、日本の固有信仰（土俗宗教）の名称で、しかもかなり古くからそのような語として用いられてきたものと、理解している。しかし、古い時代に「神道」という語をそういう意味で用いた明確な例を見出すことはできない。

かつて、津田左右吉は、古文献に現われる「神道」という語の種々の意味を整理して、第一に〝古くから伝えられてきた日本の民族的風習としての宗教的信仰（呪術的信仰も含めて）〟、第二に〝神の権威、力、はたらき、しわざ、神としての地位、神であること、もしくは神そのもの〟、第三に神に関する思想的解釈や教説、第四に特定の神社の宣伝的な教説、第五に政治的・道徳的規範としての〝神の道〟、第六に新興宗教である宗派神道、の六つを挙げ、「神道」という語が実にさまざまな意味で使われてきたことに注意した（津田左右吉『日本の神道』一九四九年、第一章）。そして、彼は、このうちの第一の〝日本の民族的風習としての宗教的信仰〟を意味する用い方がまずはじめに『日本書紀』に現われて、それ以来〝仏教にたいして日本の民族的宗教をいうばあい〟の用語として普及し、第二以下の種々の意味の用い方の根源になった、と説明した。

けれども、「神道」の語が〝日本の民族的宗教〟を示す用語またはその名称として古代に普及していたとは認め難い（日本古典文学大系『日本書紀』下、一九六五年、五五六頁「神道」の補注）うえに、『日本書紀』の用例についての津田の説明は、正確でないと考えられる。『日本書紀』の「神道」の用例はつぎの三カ所だけである。

A　天皇信㆓仏法㆒尊㆓神道㆒　（用明天皇即位前紀）
天皇《すめらみこと》、仏法《ほとけのみのり》*を信《う》けたまひ、神道《かみのみち》を尊《たふと》びたまふ。

B　（天皇）尊㆓仏法㆒軽㆓神道㆒斮㆓生国魂社樹㆒之類、是也　（孝徳天皇即位前紀）
（天皇）仏法《ほとけのみのり》を尊《たふと》び、神道《かみのみち》を軽《あなづ》りたまふ　生国魂社の樹を斮《き》りたまふの類《たぐひ》、是なり。

C　詔曰、惟神惟神者、謂ㇾ随㆓神道㆒。亦謂㆔自有㆓神道㆒也我子応治故寄。（下略）　（大化三年四月二十六日条）
詔《みことのり》して曰《のたま》はく、「惟神《かむながら》　惟神は、神道《かみのみち》に随《したが》ふを謂《い》ふ。亦《また》、自《おの》づからに神道有《あ》るを謂《い》ふ。も我《あ》が子《みこし》治らさむと故寄《ことよ》させき。（下略）……

＊古写本では、漢字の「仏法」に「（ほとけ）ノミノリ」と和語の訓がつけられている（新訂増補国史大系一下、一〇一頁、一一九頁）。むろんこれは九世紀以後に記入されたものであるが、編纂当時からそう読んでいたのかもしれない。

このうちまずA・Bについていえば、この文章に関する限りではこの「神道」を〝仏教にたいして日本の民族的宗教を示した〟ものと解釈することが、できそうにみえる。けれども「神道」という語は、本来中国では種々の土俗的宗教をいい、また道教そのもの、ときには仏教を指し、あるいは宗教一般をも意味したという（津田左右吉、前掲書、第一章）。そうであれば、A・Bのばあい、実際の対象としては〝日本の民族的宗教〟——その内容が客観的にどの程度まで日本固有のものといえるかは別としていちおう古来の習俗であった祭祀や信仰——を指しているとしても、語自体は、日本・朝鮮・中国を問わず習俗的信仰一般を指す意味で用いられていると解するのが、当然である。まして中国を念頭に置いて編纂したといわれる『日本書紀』が、「神道」という漢語を、〝日本の民族的宗教〟だけを指す言葉または名称として使用したとは考え難い。したがって、津田の説明には、一応妥当な面も認められるが、「神道」の語自体としては〝土俗的信仰一般〟の意味であるとすべきであろう。

けれども、A・Bについて可能な解釈は、これだけだろうか。このばあい、宗教の名称というよりは「ホトケノミノリ」（仏の御法）の意味での「仏法」にたいして「神道」とあるのだから、これを「神道」についての津田の第二の意味、つまり〝神の権威、力、はたらき、しわざ、神としての地位、神であること、もしくは神そのもの〟の意味に理解しても、少しも差し支えないのでなかろうか。実際、「カミノミチ」の「ミチ」は、この時代には、道路・通路の意味のほかに、〝振舞い、あり方〟の意味をもっていたのである（『時代別・国語大辞典』一九六七年。『岩波・古語辞典』一九七四年。これらには、「ミチ」が実際には仏教の教義を指した例が示されているが、「ミチ」の語自体が教義の意味を含むわけではない）。

そこで、Cに注目してみよう。まず、この文中の二つの「神道」は、さきの〝土俗的信仰一般〟という語義で強いて解釈できないこともないが、古語の「カムナガラ」が〝神の性質として〟〝神である状態で〟の意味であったことから逆に推測すれば、〝神の権威、力、はたらき……神そのもの〟という第二の意味に理解するのが、より適切ではなかろうか。もっともこの文章は、この日に発布された天皇の詔のなかの文字の注釈文であって、すでに江戸時代の学者によって、九世紀以後に書写の際に書き加えられたものでないかと疑われているもので（日本古典文学大系『日本書紀』下、五七四頁）、編纂当時の証拠とするには不確実なものである。しかし、仮に『日本書紀』の編纂当時のものであるとすれば、編者が同一の語を二つの意味に使用したと考えるよりは、A・Bにも、むしろこの第二の〝神の権威、力、はたらき……〟の語義を適用するのが、より妥当だといえるとおもう。

『日本書紀』の「神道」の語義としていま一つ考えられるのは、この語が道教の意味または名称として用いられているのかもしれないことである。道教に関する近年のあたらしい研究（福永光司「道教における鏡と剣――その思想と源流――」『東方学報』京都第四五冊、一九七三年、同「天皇と紫宮と真人――中国古代の神道――」『思想』第六三七号、一九七七年）によれば、同じ時期に中国では、「神道」とは道教の別称にほかならなかったばかりか、西暦紀元ごろから以後『日本書紀』編纂当時にいたる幾世紀のあいだに、日本に道教の思想や儀礼が徐々に伝えられ、日本の国王権力や各種の血縁的または地縁的共同体の祭祀・信仰に著しい影響をあたえたことが、充分推測される。日本古代における剣や鏡を宗教的象徴として尊重する風習、真人（マヒト）・仙（ヒジリ）そして天皇などの称号、北極星や北斗七星の信仰、伊勢神宮における神宮・内宮・外宮・太一などの用語、大和（平和な理想状態の意味。日本では国の中心の地名ヤマトにこの中国語の文字をあてた）の思想、それに神仙思想などが、その顕著な例であって、これらはいずれも道教の風習である。のみならず、人びとが自分たちの祭祀や信仰を、たとい中国のそれと多少の相違があろうとも道教だとみなし、教義・儀礼さらに国王の権力や国土までも道教にふさわしいものに整えようとした努力のあとと解釈できるかもしれないのである。そして、もしこの推測が許されるならば、日本古代の土俗的信仰は、〝日本の民族的信仰〟というよりは、東アジアではある程度まで世界宗教の性格をもっていた道教の地方的形態であったとしなければならず、「神道」という用語も道教そのものの意味であったといわねばならなくなる。すなわち、古代日本では体系的な道教は受容されなかったというのが今日の通説であるけれども（下出積与『日本古代の神祇と道教』一九七二年）、日本の宗教は、大局的にみれば、中世に全般的に仏教におおわれる以前には、やや緩慢ながら長期にわたって道教におおわれていたとみなすこともできるのでなかろうか。

私は『日本書紀』にみられる「神道」の語の用法について、以上に三つの可能な解釈を示したが、いまのところそのうちのどれが正しいか、確定することはできない。しかし、だからといっていかなる結論も導き出せないわけではない。三つの解釈に共通していることは、古代においては土俗的信仰を独自の宗教とみる考えがみられず、「神道」とはその固有の名称でなかったということである。またほかに固有の名称があった徴証もみられない。仏教伝来に際してその可否をめぐって論争があったという伝説はあるものの、古代においては、土俗的信仰についてその民族的特質を強調しそのように取り扱おうとした形跡は、みられないのである。

二　古代における神祇の位置

古い言葉の意味と用法にその当時の考え方が現われているという見地から、以上に「神道」の語義について検討したが、つぎに、制度上日本の神々がどのように位置づけられていたかを、考察してみよう。

日本古代において、神々の祭祀について規定した法は『神祇令』である。そこに記されているのは、国家による公的な祭祀の方式だけであるが、それは、(1)毎年の公の祭祀の時節・名称・内容、(2)即位の儀礼および斎《いみ》（タブーにふれないための謹慎）、(3)祭祀の管理・運営、(4)大祓《おおはらい》（人々の罪や災気を除く公的な行事）、(5)官社の経理、などの規定を内容としている。

周知のように日本古代の律令は、中国の隋・唐のそれを範として作成された。そのさい、『神祇令』が中国の『祠令』に相当するものとしてそれを参照して作成されたことは、すでに多くの研究で明らかにされている（日本思想大系『律令』一九七六年、五二九頁）。すなわち、唐の『祠令』——そのうち復元されたのは四十六カ条——と日本の『神祇令』を比較してみると、律令全体のなかでの配置場所の一致や両者の項目と文章の照応などから、『神祇令』が『祠令』に相当する関係にあることは明らかである。それでは、唐の『祠令』に規定された公的祭祀はどのような内容であったかといえば、それは、(a)祀《し》（天の神のまつり）、(b)祭《さい》（土地の神のまつり）、(c)亨《こう》（死者の霊のまつり）、(d)釈奠《せきてん》（いにしえの聖人や師のまつり）の四種類であった。しかし日本の『神祇令』は、このうちでは(a)(b)だけをとりいれ、ほかに『祠令』にない即位儀礼や大祓を加えている。それは、日本と中国の祭祀の慣習に相違があったからで、日本の律令編纂者もそれを配慮したのであろう。けれどもそのような相違にもかかわらず、いずれも社会生活上の土俗的な祭祀――このばあい公的・政治的な範囲に限られているにかかわらず――である点で共通している。日本の律令制度が神々をそのようなものとして位置づけようとしていたことは、明らかである。つまり日本古代では、神々は、国家や血縁的・地縁的諸共同体の秩序と密接な関係をもつ土着的・習俗的なもの――祖先崇拝はその一部である――と考えられていたのである。そして律令が『神祇令』につづいて別に仏教教団を取り締まるため『僧尼令』を制定しているように、神々の祭祀は、仏教のように高度な教義によって社会に効力をもたらす宗教とは、次元の異なるものとみられていたのである。

律令制度におけるこのような神々の位置づけは、どのように推移していくであろうか。

八世紀に国家が仏教を優遇し、称徳天皇の時期には道鏡と結託し極端な仏教化政策が行われたことは有名であるが、最近の論説では、この仏教化政策への反感が宮廷貴族たちの間に強まり、九世紀はじめの政治刷新期に固有信仰（土俗宗教）の独自性が自覚されて「神道」観念が成立したとも指摘されている（高取正男『神道の成立』一九七九年）。たしかに九世紀はじめの政治の刷新のなかで、宮廷の神事や伊勢神宮の制度などがとりわけ整備されたことがあったのは、事実である。だがここで、仏教などに対抗する独自の宗教の意味で〝神道〟という意識が成立したといえるだろうか。

すでによく知られているように、八世紀後期から十一世紀にいたる期間は、日本において〝神仏習合〟が徐々に進行していく――といっても実質は神々への信仰が種々の論理と形態のもとに仏教の一部として包みこまれていく――期間であった。その論理とは、(a)神は自身が輪廻の世界を流転する存在であることを嘆き、仏法によって解脱することを願っている、(b)神は仏教を守護する善神である、(c)神は仏教経典に説く仏（本地）が、生きとし生けるものを救済するため〔日本へ〕化身として現われた（垂迹）ものである、(d)神は仏の清浄なたましい（本覚）である、などであり、形態とは、神宮寺・僧形八幡などをはじめ神仏の区別もし難いさまざまな尊像や儀礼であった。八世紀末から九世紀前半は、まさにその過程の第一段階にあたっており、上述の(a)(b)が流布されていた時期であったのである。
このような段階では、仏にたいして神がとりわけ鮮明に意識され対比されることがあったのは当然であった。延暦元年（七八二）七月二十九日の『続日本紀』の記事も、その一例である。そこには、このごろ天下にしきりに災異が起こるのは、世間に喪服の着用の混乱が多いため伊勢大神はじめ諸々の神がたたりをなすのであるとして、「神道難《キコト》レ誣、抑有レ由焉」（「神道」を欺き難いのは根拠のあることである）と記している。しかし注意されるのは、この「神道」は、語義としては、やはり神の権威・力、または神そのもの、としか考えられないことである。さらに、承和三年（八三六）十一月の勅に、「護ニ持神道一、不レ如ニ一乗之力一、転レ禍作レ福、亦憑ニ修善之功一」（「神道」を護持するには大乗仏教の力にまさるものはなく、禍を転じて福となすには〔仏教の〕修善の効力に期待すべきであろう）とあるように、神の権威は仏教によって保証されると考えられるようになってきたのである。

したがって、神についての意識がたかまったとはいっても、それは決して〝神道〟の独自性や不可侵性の自覚などではなかった。むしろそれは、反対に、仏教の全体系のなかでの「神道」の従属的位置と役割との自覚にほかならなかったといわねばならないのである。

三　中世における「神道」の語義

十一世紀ごろ成立した『今昔物語集』に、震旦の預洲のある老女が邪見にとらわれて、「神道」に仕えて三宝を信じなかった、とあり、また、天竺の罽賓《けいひん》国という地方国について、その国はまったく「神国」であっていままで仏教の言葉が伝えられていなかった、と記している（『今昔物語集』第七巻第三話および第三巻第二十六話）。この「神道」「神国」が、日本に関係なく〝土俗の神そのもの〟〝土俗の神を信ずる国〟の意味であることは明白で、いわば「神道」の古典的な用語法が、仏教説話集においてであるにせよこの時期にも行われていたことを、示している。

中世では、「神道」は一般に、神の権威、力、はたらき、神であること、つまり神の状態・属性を意味する言葉であった。若干の例を示すと、真言宗系の〝両部神道〟を説いた『中臣祓訓解』には、神と仏の関係を論じて、

神ハ則諸仏ノ魂、仏ハ則諸神ノ性也。肆《カルガユエニ》経ニ曰ク、仏ハ住シテ二不二門一ニ、常ニ神道ニ垂ルレ迹ヲ

（神は諸仏の魂であり、仏は諸神の性である。だから経典には、仏は、神と仏が二つのものでなく、絶対的に同一であるという境地に立って、つねに「神道」に「迹を垂れる」〈垂迹

する〉とある）（『弘法大師全集』第五巻）

とのべているが、この「神道」は、当然神または神の状態の意味でなければなるまい。また天台宗系の〝山王神道〟の説話をあつめた『神道集』に、

問、何《レノ》義《ニ》依《テ》諸仏井《(菩薩)ハ》神道《ト》顕《シ玉ヤ》。答、諸仏井《ハ》慈悲利生済度群生《ノ》故、種々《ノ》形《ヲ》現《玉》。

（問、いかなる論理によって諸々の仏・菩薩は「神道」として姿を現わし給うのか。答、諸々の仏・菩薩は生きとし生ける者をあわれみ救う立場から、種々の姿を現わし給うのである）（『赤木文庫本神道集』貴重古典籍叢刊一、一九六八年）

とあるのも同様で、このような例はきわめて多い。

中世ひろく用いられた常套語に、「神道不測」「神道のこと測り難し」という言葉があるが、これは「神道」の語義が普通はそのような意味であったと考えなければ、理解できないことになろう。それは〝神の宗教、神の教理は、推し測ることができない〟ではなくて、〝神のふるまい・意向・存在は人知では測り難い〟の意味である。そして、このような「神道」の語義は、中世末まで存続していたのであって、『日葡辞書』も、

Xintó. Camino michi. 神々および神々に関する事柄。

と記している。ここに併記されている Camino michi という訓読（和語）にも注意すべきで、この michi という言葉も教義を意味していないことは明瞭である。古代と同様、中世

でも「ミチ」は「武士《もののふ》の道《みち》」「弓箭《ゆみや》の道」の「ミチ」と同様、ふるまい・あり方の意味であり、「神の道」は、神としての状態、神のふるまい、を意味した。また、本来漢語である「神道」の「道」も、『魏志倭人伝』に卑弥乎について記した周知の〝鬼道に仕える〟という言葉や、中世の起請文にある梵天・帝釈天などの「天道」、「神祇・冥道の御罰」の「道」と同様、「それ自体」「その状態」を意味するのである。

それでは、このような「神道」という語は、どのような宗教的内容をもつものとして、いわれていたのであろうか。さきに指摘したように、中世では「神道」はすべて仏教の一部として説明された。それは基本的には、大乗仏教がその原理のなかに、土俗的信仰をその体系のなかに吸収する論理を備えていたからであるが、その結果、日本中世の仏教は――たとえばチベットで独特の仏教が発達したように――それなりに特色ある論理と体制とを発達させることになった。

中世仏教においては名目上八宗派が並立していたが、実際にはいくつもの派の教義や作法を兼学する人が多く、かつ全宗派に共通して承認されていた教理があった。それは密教であった。つまり密教を基調にして、それと天台・華厳・唯識（法相）・律など各種の顕教を組み合わせた教義が、中世において正統的なものと認められていた仏教の教理であり、またそのような各種の教義をもつ〝顕密〟仏教の八宗派が国家権力と相互依存の関係を公認しあって精神界を支配するのが、基本的な体制であった。「神道」はこのような仏教の一部に組みこまれ、仏教教理ことに密教や天台の哲学によってその宗教的内容を置き換えられていたのである。私が顕密体制と呼ぶのは、このような体制のことである（黒田俊雄著作集第二巻、I顕密体制の展開）。十二世紀末期以後この体制にたいして種々の改革運動が起こり、また念仏や禅などだけを主張する異端的な諸派も現われたが、全般的には十六世紀はじめまでは、この体制が正統的な地位を保持していた。

顕密仏教において、「神道」の宗教的内容の説明として最も普及していたのは、天台の教理による本地垂迹であった。つまり、神は仏の別の姿と説かれ、神の姿、状態、権威、はたらきとは、仏が人々を教え導き救済する姿、そのはたらきを意味した。だから「神道」とは、それだけで独立した存在でも体系でもなく、さまざまな方法で行われる仏の「化導」（教化・救済）「化儀」（教化の方式）の一つのあり方を指す言葉にほかならなかった。たとえば、さきに引用した『神道集』には、仏が神の姿になり人々を救済した約五十の説話が収載されているが、この書名にある「神道」もそういう意味であった。そして、そういう「神道」（仏の教化）やそれにたいする人々の信仰の状況については、各神社ごとにその神の垂迹の由緒や神徳に特色があるとされ、宗派や神社に独特の教説や作法も伝えられているとしてそれが強調され、煩瑣な教理や付会説によって種々増幅されて、今日〝社家神道〟と呼ばれている類の教説（津田の「神道」の語義の分類の第四のもの）が発展したのである。真言宗系の〝両部神道〟や天台宗系の〝山王神道〟はその代表的なものであり、しかもそれらが各地の神社ごとに脚色されて、中世では無数の「神道」説が成立したのである。

しかし、中世の「神道」の宗教史的な考察に際して決定的な意義をもつのは、伊勢神宮系の「神道」説――いわゆる〝伊勢神道〟または〝度会神道〟――である。というのは、十三世紀に活動しはじめた〝伊勢神道〟こそは、〝民族的宗教としての神道〟が中世においても根強く伏在しつづけた証であり、またそれ以後の一連の中世の「神道」論が仏教から離脱しはじめる出発点であるとする展望（大隅和雄「中世神道論の思想史的位置」日本思想大系『中世神道論』一九七七年）が、現在、神道史家・思想史家に一般にみられるからである。

中世の伊勢神宮が、仏教全盛時代のただなかにあって古代以来の伝統的儀礼――それが文字通り日本固有の習俗か、それとも道教的なものであったかなどは、さしずめ問わないとして――を伝え、仏教の用語・作法・服装などを忌避する禁忌を守っていたことは、よく知られている。けれども、中世の伊勢神宮が真に全面的に仏教を忌避し排斥していたのでなく、他方で僧侶の参宮が行われたり伊勢の神官たちが仏教にかなりの造詣をもっていたりしたことも、それに劣らず重要な事実である。この側面からいえば、仏教的なものを忌避する禁忌は、すでに世間一般にはもちろん伊勢の神官ら自身にとってさえも説明に困難で奇異な所与の慣習であり、一種神秘的で不可解にみえる特色であったに違いない。無住の『沙石集』や通海の『太神宮参詣記』のように伊勢神宮に親近感をもつ著作や、度会常昌など伊勢神宮のなかの代表的人物の論述（『大神宮両宮之御事』など）に、そのことを不思議な流儀として論じているのは、中世の常識的な発想からすれば、当然のことであった。つまり、当時としてはまことに奇異なこの慣習をいかに（仏教的に）説明するか、いな、むしろそれをいかにして（仏教上の）崇高な特色とみなし意識的に宣伝するかが、問題の発端だったのであり、現にこれらの諸書はそうした問いから出発して伊勢の神徳の絶大なことに、説き及んでいるのである。〝伊勢神道〟で強調された「屏㆓仏法之息㆒（仏法の息《いき》をかくす）」（『御鎮座伝記』『倭姫命世記』）という言葉が、仏教排斥の意味でなく神前での独特の心構えないし作法のことであり、考え方としては十三世紀当時流行していた密教の本覚思想を借用したものであることは、すでに別の論文で指摘した（黒田、前掲書、一五六頁）。つまり、〝伊勢神道〟もまた〝社家神道〟の一つにほかならなかったのである（「中世宗教史における神道の位置」〈黒田俊雄著作集第四巻、Ⅰ中世国家と神国思想〉）。

十四世紀初期の『日吉社叡山行幸記』に、

他国之神明と我朝之神道と、化導に同異あり。和光同塵の利生は、神国おほきに勝給へるゆへなり。

〈他国の「神明」〈神〉とわが国の「神道」とは、教化のしかたに同じ側面とともに異なる側面がある。和光同塵〈仏の威光をやわらげて神として世俗のなかに現われる〉によって人々を利益する点では、神国であるわが国がとくに勝れているからである〉（岡見正雄博士還暦記念刊行会『室町ごころ――中世文学資料集――』一九七八年、三六六頁）

とある。中世では「神道」とは、土俗的信仰を仏教から区別する言葉ではなく、反対に仏が人々を教化し救済する姿を意味するものにほかならなかったのである。

四　「神道」の世俗的役割

「神道」が仏の化身であり人々を教化し救済する姿であるとすれば、神は仏とまったく同じ役割をもつものであろうか。

そこで注目しなければならないのは、中世の「神道」のもつ〝世俗的〟性格である。中世の人々が抱いた神の表象は、多くは世俗の姿態であった。むろん神の姿を不可視的なものとして梵字で表現しているものや神殿に仏像を安置しているものもあり、また八幡神のように僧の姿で表わされたり蔵王権現のように明王像であったりするなど、習合の著しい姿態のものも少なくはないが、いまでも多数遺されている神像彫刻や絵像・説話画の類にみるように、神はしばしば貴人・貴女・老翁・童子・唐人・行者・狩人など世俗の人の姿で表わされていた。そして、このような姿態のうちの主要なものは、十三世紀には図像様式としても確定していたようである（日吉七社については『延暦寺護国縁起』大日本仏教全書第一、春日社については景山春樹『神道美術』一九七三年、一七〇頁参照）。

それは、「垂迹」という言葉の理解についてもいえる。中世の一般庶民に理解されていた「垂迹」の表象は、大乗仏教の教義が説くような観念的・哲理的なものでなく、即物的かつ神話的なものであった。「垂迹」とは、文字通りに特定の地に天降りそこの地主神あるいは守護神となることであった（黒田俊雄、前掲書、八四頁）。だからそこには、人間と神々との神秘的な関係を語る霊験譚が生まれ、神の鎮座した境域はそれ自体教理の深義を秘めた霊地とみなされるようになった。こうして、垂迹の由緒――時間的展開――は「縁起」（歴史的物語）として語られ、鎮座の配置――空間的位置――は「曼荼羅」（論理的構図）として描かれることになった。それは、神社の起源伝説や社殿の配置・建築様式や祭祀の作法が、仏教の哲理を表現する秘儀として解釈されたことに、対応するものであった。中世の延暦寺で「記家」（記録の専門家）と呼ばれた流派は、そのような秘伝なかんずく

「神道」に関するそれを究めることを、仏教の深奥に到達する方途としていた一派であった（裕慈弘『日本仏教の開展とその基調』下、二四五頁以下）。つまり「神道」の世俗的表象は、このようにむしろ濃厚な仏教的教義を表現するものであったのである。

「神道」はまた、世俗的な機能と任務も備えていた。大嘗会・神今食など宮廷の「神道」的祭儀は、さしずめ現実の国王や宮廷という世俗的な権威を神秘化する以外にいかなる目的もないものといってよい。しかしそれはひろい見地からすれば、〝仏の法が遍満するこの世界のなかでの世俗的秘儀〟であることに、意味があった。それは、ことの経過からいえば、神の祭祀がもと世俗権力と不可分の関係をもつものであり、それがそのまま日本で完成された仏教の独特の論理と体制――顕密体制――の重層的構造の一部に組みこまれていったことによるものであるが、そのさい「神道」が仏教と没交渉に雑居していたり、仏教支配下で非仏教的な孤塁を守っていたりできるはずがなかったからである。その世俗性は、あくまでも仏教的世界のなかの役割であった。それを世俗権力の側に立っていい直せば、朝廷が二十二社への奉幣を行い国衙が諸国の惣社・一宮・二宮の祭祀とその施設の修築を任務としたのは、神社自体はすでに仏教の支配に組みこまれていたものの、なお神社なるがゆえに世俗権力の側が果たすべき責任部分と考えられていたからであった。鎌倉幕府が『御成敗式目』（貞永式目）の第一条で、「神社を修理し祭祀を専らにすべき事」を規定して幕府管轄下の国々や荘園での神社の維持を強調し、第二条で「寺塔を修造し仏事等を勤行すべき事」をのべているのは、前代の国衙の任務を継承していることを示すとともに、世俗的な行政権力が宗教にたいしてまず果たすべきものが何であるかを、示したものである。

それゆえ「神道」とは、人々を悟りに導きあるいは浄土へ救済するための仏の慈悲による巧妙な手段であるとされてはいるものの、実際には世俗的秩序そのものを維持する規制力の役割をもっていたことに、注意しておきたい。「和光同塵」の神徳が繰り返し語られはしたが、それはいわば究極の意義、最終の目的についての了解の言葉であって、日常的には人々は神に強い畏怖の感情を抱いていた。ふつう起請文には「もし誓約に違反すれば、梵天・帝釈天をはじめ諸国の神々、ことにこの荘園の鎮守神の罰を身体に受けてもよい」という意味の文言を記しているが、もちろんそこで誓約されている内容は、例外なく現世の行為であり、世俗の秩序維持に関するものであった。仏に「現世安穏、後生善処」(この世の平和とあの世の幸い)を願うことも、むろん行われたが、世俗生活上の困難に際しては「神仏」の——まずはじめに神の——加護を請い、戦場へ赴くときは神々に武運を祈るというように、〝現世は神、来世は仏〟という型ができたのも、同じ理由からである。一般に神の威力について「賞罰厳重」が語られたのも、世俗生活にたいする宗教的規制力を強調するものにほかならなかった。

ここでは詳しく説明する余裕はないが、「日本は神国」という政治的かつ宗教的な信念は、「神道」のこの世俗的機能にもとづくのである。「神道」の世俗性、「神国」思想の政治性は、その非宗教性を示すものでなく、反対に日常生活全般にまで貫徹した仏教的体系に裏づけられていたのであり、今日の〝神道は宗教でない〟という錯覚の歴史的前提も、ここにあるのである。

五　〝神道＝民族的宗教〟論の創出過程

『神道集』に、つぎの二つの文章がある（『神道集』〈前掲本〉二二六頁および二二七頁）。

(a)　問、神道《ノ》仏法《ヲ》貴下《シハ》事何《ヲカ》以証拠《トセン》

（問、神道が仏法を尊び給うことは、いかなる証拠からわかるのか）

(b)　問、仏界《ト》神道《ト》其儀式別《ナルニ》　似《タリ》云共其実《ハ》一同《ナリ》、得《ルニ》レ意何《ヲカ》以意待合《スヘキヤ》

（問、仏界〈仏の世界・境地〉と神道とは、それぞれの儀礼に相違はあるが実質は同一だということを、どのように理解したらよいか）

この二つは、いずれも神と仏とを対比させながら、(a)の「神道」は明らかに神自体を指

すのにたいし、(b)の「神道」は、語義としては、神としてのしわざ・ありよう・権威、の意味に解せられるけれども、「仏界」――仏としての境地、仏の次元での諸現象――と対比されることで〝神々の世界〟の意味を醸し出しているのが、注目される。通海の『太神宮参詣記』に、

天照大神ハ神道ノ主、大日如来・法花ハ仏法ノ主也。垂迹ト云本地ト云、無上也、無比也（『神宮参詣記大成』大神宮叢書、七〇頁）

とのべているのも、同様である。このばあいも、「神道」は神としてのあり方の意味に解してよいが、「仏法」に対置される概念になることで〝垂迹の世界〟（神の姿での教化の境地）という領域的意味を帯びていることが、重要である。ことに伊勢流の神道説では、『宝基本紀』に「神道」と「三宝」（仏・法・僧、仏教を構成する三要素）を比較し、『類聚神祇本源』に「仏家」（仏教の流儀）と「神道」を対比させているように（『度会神道大成』大神宮叢書前篇、五四頁および六九五頁）、両者の本質的な同一をいいながらも現象的には別の世界であることを強調して、「神道」という語の意味の重点を移動させている事例が目立つ。それは、伊勢流の神道説が、〝社家神道〟のうちでもとりわけ「神道」の霊験を力説しなければならなかったことによる当然の趨勢であった。

「神道」という語は、このように基本的には神の権威、神である状態を意味しながらも、

対比の相手を設定されたばあいには、特殊な領域または流儀の意味が浮上してくる。しかし、そのことは「神道」という語がそのまますぐ、仏教の枠から脱出した別の教義や宗教の意味に、転化したことを示すものではない。対比の相手を「仏法」「三宝」「仏家」などいわば純仏教的現象形態にせばめ相対的なものに限定することによって――つまりそれらと「神道」とを包括し統一する至高の原理＝仏教を究極の基軸においたままで――、または「神道」に非仏教的な雑多な付会や粉飾を施して仏典なみにいかめしくみせかけることによって――この場合も原理の共通性を強調しながら――「神道」の領域を異彩を放つ世界として照らし出してみたにすぎないのである。

けれども、「神道」の語義が、このように、仏教（つまり至高の宗教的真実）の日本的現象・流儀・領域の意味になったことは、あとの段階でこの言葉が民族宗教の呼称になるための前提となった。伊勢の祠官たちの著作をはじめ北畠親房・慈遍・一条兼良など十四世紀の「神道」論者たちの論説（津田の「神道」語義第三の〝思想的解釈や教説〟）は、その点でとくに大きな役割を果たした。ただしそれは、これらの論者たちが中世の正統的宗教である顕密仏教に批判的であったからではない。彼らはいずれも正統的教義の信奉者であり、一見それに背反するような言辞をつらねたのも、孤立し衰退しつつある支配体制の権威を神秘化するために、あえて偏った強調を試みたにすぎない。さらに十五世紀末におこった

〝唯一神道〟（吉田神道）になると、「神道」という語は、宗教の民族的形態という意味をいっそう強め、仏教や儒教と同質でしかも上位の宗教であると説くまでになり、顕密仏教の正統的教義を逸脱したものになる。それは、この時期には異端派ともいうべき〝新仏教〟系の諸派ごとに一向一揆の勢力によって、体制的（正統的）宗教の支配が事実上解体していたため、〝社家神道〟の一つが無軌道に機会主義的に〝発展〟したものにほかならなかった。

十七世紀以後の江戸時代には、中世の「神道」論者たちの論説と同じ形態の、林羅山その他の学者による〝儒家神道〟（儒教思想家の「神道」論）がおこった。この「神道」論によって、「神道」の語に、道教・仏教・儒教と対置される〝日本の民族的宗教の名称〟という意味が確立されるとともに、儒教の「道」の観念の影響を受けて〝政治的・道徳的規範としての「道」〟（津田の第五の「神道」語義）の意味が付与されることになる。もちろん〝儒家神道〟は、そうすることで実質は逆に儒教に従属した知識層の論説であったにとどまり、むしろ当時世間一般に実際に行われていた神への信仰は、仏教に従属したままであったのである。

〝日本の民族的宗教としての神道〟は、本居宣長らの国学と〝復古神道〟から明治の〝国家神道〟の成立にいたる近代ナショナリズム勃興の段階で、ようやく名実ともに備わった形で出現する。〝神仏分離〟と〝廃仏毀釈〟という強制的・破壊的〝矯正〟が、政治権力の手で推進され、神道はいびつながらも独自の宗教としての地位を、はじめて獲得することになった。そして、神道という名称の民族的宗教が古くから日本にあったという〝歴史的認識〟が、ここではじめて明確にされ定式化される。さらに〝神道〟の語義もこれが基本と考えられるようになり、学者もこの用語法に従い国民もそのように教育されて今日にいたった。

だが、それとともに注目すべきことが起こった。〝神仏分離〟によって、神道は過去の日本人が到達した最高水準の宗教的哲理から切り離され、不可避的にかつ作為的に原始的な信仰そのもののような相貌を呈するようになった。神道は、自立性をあたえられると同時に〝宗教でない〟と強弁されるような宗教に転落したのである。

おわりに

本章では、日本の宗教史の全体のなかから、「神道」について、それだけを抽出する方法で各時代を通して追跡してみた。そのため読者は、私が冒頭で示した結論に反して、かえって神道が日本の歴史を通じて存在しつづけたという印象を鮮明にもつようになったかもしれない。それは、このような抽出的方法がもたらす当然の効果であり、また私もそこに一種の連続性があることは否定しない。

しかし、問題はまさにそのことにある。いままでの神道史は、すべてそのような抽出によって一筋の連続性だけを強調し、そうすることで「神道」を全体から切り離す〝神仏分離〟の整形手術を、全時代について施した。そして神道以外は表層であり仮のものである、と位置づけた。

けれども、「神道」の語義および習俗的信仰の変遷をみれば、自立した宗教としての神道が近代になって政策的につくりあげられたものであることは、明瞭である。そうであれば、この一筋の連続性なるものは、はたして歴史の実像といえるものだろうか。原初から存続してきたと想定されている〝土俗的なもの〟とは、異質な実体をつなぎ合わせた言葉の虚像ではなかろうか。つい百年前までの日本の歴史の大部分の時期で、日本人の宗教（ひいては思想）を規定してきたものは、人々が土俗的たると外来的たるとを問わず消化し創造し構築してきた〝歴史的なもの〟であり、またそれこそが、〝民族的なもの〟なのではなかろうか。具体的にいえば、「神道」も陰陽道も従属させた顕密仏教の体系とその改革派・異端派の諸分派の信仰がそれであり、それこそが近代以前の日本がつくりあげていた最も包括的で単一の、それなりの原理をもつ宗教的思考体系であり、また日本人の深層意識としていまでも潜在的に習俗のなかに保持し続けられているものというべきでなかろうか。

大乗仏教は東アジアのどの地域でも、土俗信仰を概してゆるい形で包含し、厳しい破壊や同化を行わなかった。そこで、日本もまたその例外でなかったとみて〝神仏分離〟をいわば必然のなりゆきと位置づけ、明治ナショナリズムの路線に沿って神道に集約する形で日本文化の歴史の基調を見出すか、それとも反対に、外来的なものも含む多様な要素を貫くところの、歴史的に形成された独特の思考の論理に日本文化の特質をみるか、究極の問題はそこに帰着するだろう。

この論文で説明できたことは、問題の大きさに比べてあまりに少ないが、日本の宗教史と宗教意識さらに日本文化についての論議を架空のものにしないために、いく分かの役割を果たすことはできるであろう。

Ⅱ

「院政期」の表象

一　院政と軍記とのかかわり

保元の乱の原因の一つに、後白河天皇の即位を決めた鳥羽法皇の処置に対する崇徳上皇の深い恨みがあったことは、『保元物語』が冒頭に説くところである。すなわち、白河法皇のあといわゆる院政を行った鳥羽上皇は、寵姫美福門院が産んだ近衛院を皇位につけるためにまだ若年の崇徳天皇（鳥羽の第一皇子）を退位させた。ところが、やがて近衛天皇が病没したので、世間では、つぎは崇徳院の第一皇子重仁親王が即位すると予想し、崇徳院もそれを期待していた。だが、近衛天皇の死は崇徳院の呪詛《じゆそ》によるという風評もあって美福門院が鳥羽法皇にその恨みをとかくいい、四宮（後白河）を推して即位させてしまった。そのため崇徳の恨みはいっそう深くなり、やがて鳥羽法皇の死の直後、崇徳上皇方が乱を企てることになる。つまり、乱の直接の当事者である崇徳上皇方と後白河天皇方との対立の背景には、専権をほしいままにした鳥羽法皇の「院政」なるものがあり、昔からいわれてきたようにそれが乱の根底にある最大原因であったと、いえなくもないのである。

いわゆる軍記の成立をどのあたりにみるかについては多少異なった意見もあるようだが、『保元』『平治』『平家』『承久』などの軍《いくさ》物語がその盛期の作品であることには疑問の余地はない。ところで、これらの作品では武士がその主役であることはいうまでもないが、同時にそれらの戦乱がいずれも「院政」の時代の出来事である点は注目すべきことであって、「院政」は政治上の駆け引きから軍勢の動員にいたるまで、直接にも間接にも常に戦乱に関与していたのである。いな、単に関与していたというよりは、武士の合戦なるものは院政という政治形態と構造的に深いかかわりがあるとさえいえるのでないか。そして、背後で政治の糸を引き戦乱のきっかけをつくっていたのが院政であったとしたら、格好よく戦い殺し合いをしていた武士とは何だったのか。

この「院政」とは何かということは、すでにわかりきったことのようで、その実、説明は容易でない。上皇（院）が執政する政治形態というのが一応の定義だが、上皇たる者すべてが院政を行う制度だったのではない。院政の創始者とされる白河上皇以後、普通「院政期」と呼ばれている平安末期までについていえば、この間約百年のあいだに上皇の地位にあったのは、白河・鳥羽・崇徳・後白河・二条・六条・高倉であるが、院政を行ったのは白河・鳥羽・後白河の三人だけでその間に天皇親政の形態の期間もあった。またいわゆる院政期の後（鎌倉幕府成立以後）院政がなくなったかというとそうではなく、後鳥羽・後高倉（守貞親王）・後堀河・後嵯峨・亀山・後深草・伏見・後伏見・後宇多が、天皇親政の期間をときどきさしはさみながら、院政を続けているし、南北朝期の北朝や室町期でも事情は同じであり、形式だけでいえば江戸時代十九世紀前半の光格上皇の「院政」までその形を辿《たど》ることができるのである。

したがって、さきに掲げたような院政の定義ではとてもことの本質の説明とはいえない。平安時代の最後の一世紀ほどの白河・鳥羽・後白河の院政期だけを――それとときによって承久の乱までの後鳥羽院政も加えて――特に「院政期」と呼ぶのも、形式上からいえばおかしなものである。院政を行った上皇を中心とする院庁政権が国政上に最高の実権を行使した時期という限りでは妥当性が認められないではないが、こういういい方は歴史上の院政の全体を見失わせることにもなろう。問題は、そういう一見奇妙な政治形態が出現した理由、その本質は何だったのか、さらにそれが特に勢威を振るうことができた「院政期」をどういうイメージで特色づけたらよいのか、にあろう。保元の乱、平治の乱がまさにその時代の真っ只中に起こった事件であり、『保元物語』『平治物語』がその時代をほぼ経過しおえた時点で書き上げられたものであるからには、時代についてのイメージは絵画における背景の構図や色調にも似て、主題がそれによって一段と生彩を放ちもすれば異なった趣向を帯びてもくるのである。ところが、いまそのことについて学説史を振り返ってみると、院政期の表象には、かなり根深い相違のあるいくつかの形があることに気づくのである。

二　混乱と退廃

院政期の表象の第一に現われる類型は、混乱と退廃に満ちた時代末期的イメージである。こういうイメージの起源を尋ねてみれば、遠くさかのぼって、十一、二世紀の社会の激しい転変をとかく混乱と衰退としか受け止められなかった貴族たちの記録や歴史叙述に行きつく。しかし、近代の歴史学者がそれをそのまま鵜呑《うの》みにしていたわけではない。ただ、結果として同じような時代表象を描き出したのは、院政が天皇親政の原則からすれば逸脱もはなはだしい望ましからぬ政治形態だという、いわば天皇制的秩序感覚による判断に規制されていたからでなかろうか。後三条天皇が藤原氏の摂関政治から政治の実権を天皇家にとり返すことを意図し、そこから上皇という摂政・関白に拘束されない地位にあって政権を掌握する政治形態が編み出されたとするあたりまでは一応院政の弁護論にはなっても、その上皇が私情にまかせて天皇を廃立しはては戦乱まで引き起こすに及んでは、とても釈明し通せる体制とはいえまい。院政をあえて天皇統治の一形態とみなすにしてもそれはあくまでも変則的形態といわねばならず、所詮院政は是認さるべき形態でなくかえって混乱を助長した逸脱としかいえないからである。

それればかりではない。院政の中枢部は「院の近臣」と呼ばれた策謀家のたまり場でもあった。彼らは、白河院政期の大江匡房や藤原顕季・葉室顕隆、後白河院政期の藤原通憲（信西）や藤原成親・藤原師光などのように、学識や策略に秀でた切れ者が多く、概してさほど高貴の出でない中下流の貴族であるが、上皇に巧妙に接近して枢機に参画し、権勢をほしいままにし、相当に私腹を肥やしてもいた。そして、ひとの意表を衝く策を立て、摂関家や寺社勢力など他の勢力の反感を呼び、紛争の策源地になっていたのである。それは官僚制的な合理性とはひどくかけ離れた私的利害や私情による権謀術数の政治集団であった。

院と近臣との結びつきは、学識とか政治的手腕によって信任をえたことにはじまるばあいや院・天皇との乳母関係によるばあいなどのほかに、いわゆる成功《じょうごう》によって院の経済力を支えたことにもとづくばあいが多かった。成功とは、院のために御所や寺社の造営を負担することであるが、その巨額の費用を蓄えるためには諸国の受領《ずりょう》（国守）に任ぜられて任国で私腹を肥やすのが最も近道であり、そのため、成功という公然たる賄賂によって院に認められてさらに実入りの多い大国の受領に、ときには何カ国にも任ぜられ、あるいは自分の因縁深い国に重任《ちょうにん》されて、さらに私腹を肥やしてまた成功によっていっそう院にとり立てられるという循環を繰り返したのである。

成功によって造営されたのは、白河一帯の俗に六勝寺と呼ばれた六つの寺院や鳥羽あたりの離宮や寺院であって、そこには壮大でしかもやや奇抜な堂塔伽藍や贅を尽くした殿舎邸宅が軒を並べていた。実際、院政期における仏教信仰は、前後に比をみないほどの興隆と豪勢を特色とした。白河・鳥羽・後白河三代の院の熊野御幸・高野御幸は総じてそれぞれ数十回に及び、院の御所・御堂、南都・北嶺および宮廷における恒例臨時の盛大な仏事は年間数十を数え、京都内外ではほとんど講会・祈禱の絶える間がないほどであった。これらの仏事は、摂関政治期以来浄土信仰が流布しさらに末法思想が広がってかなり熱烈な念仏の聖や持経者が続出した世相とも関連があるが、院の仏事はそれよりもむしろ密教の加持祈禱や観想的な欣求浄土であり、迷信と乱費そのものであった。そして当然僧侶の宮廷への出入りは日常のこととなり、女官とのあやしげな風聞も続出して仏教自体退廃の風潮に浸っていた。

仏教の退廃を何よりもよく示すものは、寺院大衆（衆徒）の強訴である。僧侶が裹頭《かとう》・兵杖の姿で示威乱闘に及ぶのはすでに十世紀中ごろ摂関政治全盛期に移るころからのことであるが、連年強訴闘争が打ち続き猖獗《しょうけつ》を極めるにいたったのは白河院政期のことである。白河法皇が「天下三不如意」すなわち賀茂川の水、双六のさい、山法師を嘆きながらしかも仏事興隆に努めたのは、時代の解き難い矛盾を示すものといわねばならず、その糜《び》爛《らん》した醜悪な姿をみせつけるものであった。

当時の南都・北嶺をはじめとする大寺院は、すでに摂関政治期から貴族各層の帰依を得て多数の荘園を寄進され、また貴族の子弟が入寺して寺院内に特権的な階層を形づくってさらに荘園を拡大しつつあったが、院政期にはこれがいっそうはなはだしくなった。荘園の乱立・拡大は南都・北嶺に限らず貴族・寺社おしなべての傾向であって、後三条天皇の荘園整理やそれを継承した白河院政の施策は多少は荘園の乱立を抑制したものの反面かなりのものを確認する結果ともなり、鳥羽院政期にはむしろ荘園の新立が大々的に進められた。この時期の荘園の新立はいずれも各地の開発領主たる地方豪族の寄進にもとづくものであるが、ほかに荘民が公領へ出作していた田畠を「加納」と称して併合し荘園を不当に拡張することも多く、十一世紀後半、つまり院政開始期以後荘園の発達は目をみはるばかりであった。しかも、そのなかでも最高の権勢者たる院への寄進は急激に増加して数百カ所に及び、白河・鳥羽・後白河三代の間に設置された荘園は後世「三代起請の地」と呼ばれて中世天皇家領荘園の根幹となったのである。

荘園が増加すればその分だけ公領が狭められ国衙への収入が減少する。公領を収奪の対象としか考えない強欲な受領が荘園の増加に反対するのは当然であり、なかには既存の荘園を削減ないし否認する在庁官人もあって、荘園側と国衙側とはいたるところで対立し、武力衝突も繰り返された。荘園の住民や荘官も公領の住民や在庁官人も、ともに自衛が必要であり、そして、荘官も在庁官人も多くは武士にほかならなかったのである。そのような武士が一族や縁者を結合の紐帯にして大小の武士団を形成し、全国的には源平二氏を棟梁と仰ぐ軍団に編成されつつあった。前九年の役や後三年の役に出陣し、瀬戸内や西海の賊を平定し、また南都・北嶺の衆徒の騒擾を鎮圧し、そして保元・平治の乱の主戦力となったのは、そういう武士集団であり、源平二氏の棟梁とは乱世が生んだ国家および権力者の傭兵軍団長にほかならなかったのである。

天皇の国家統治と律令制的公地公民制を基準にしてみるかぎり、院政期はとどめようもない混乱と退廃と破滅の時代である。ただ武勇と質朴とに誠実な人間像を見出しうることが唯一の興趣であり新鮮さでもあって、軍記はそのようなものとして読まれることになるのである。

三　在地領主と国衙支配

院政期についての第二の表象は、新鮮な可能性に満ちた時代像である。それは新しい階級としての武士層の堅実な成長を基盤にして、新たな政治社会体制や思想・文化が成育しつつある「中世成立期」というイメージであり、混乱と退廃でなく躍動と成長の時代相が語られることになる。

こういう観点の基礎になったのは、中世の歴史を規定する主動的な役割を担ったのは武士たちの農村支配の基本形態ともいうべき「領主制」支配であるとする学説である。すなわち、都市に集住する貴族・寺社などの荘園領主に対して、在地領主ともいうべき地方豪族以下の武士の支配体制こそが中世の基本的なものであって、それがほかならぬ院政期において地方で広範に発展し、社会・政治・文化万般に中世を準備する新しい様相をみせつつあった、というのである。

実際、多数の研究が明らかにしたところによれば、古代律令制の時代に天皇と中央貴族の絶対的な支配のもとで極度に無権利な状態におかれていた一般公民のなかから、平安時代中期以後、広大な所領と多数の隷属農民をもち大規模な農業経営を営み、国郡司・郷司あるいは荘官などとして一般農民をも支配して「領主」と呼ばれたものが各地に出現した。そしてそれとともに大多数の農民もまた国家による奴隷制的な労役から解放されていったことは、大局的にみてまぎれもない事実であった。「領主」や一般農民（「百姓」）の土地に対する権利は、その人の名《な》を土地に冠して呼ぶ「名《みょう》」の制度に示されていた。平安中期以後、このような「名」の発展に対応して、国衙はすでに有名無実化していた戸籍による人身賦課に代えて、「名」を基準に地子・官物を徴収するようになり、さらに十一世紀中ごろからは荘園もまた「名」を単位に編成されるようになり、こうして国家の支配体制はもはや律令制ではなく「王朝国家」とも呼ぶべき新しい段階に移行したとされるのである。

この段階では、中央から地方へ私腹を肥やしに下ってくる受領が強欲な収奪をこととしたのもたしかだが、しかし地方の国衙の実質を構成していたのは地方豪族たる在地領主層、主として武士であった。国衙の在庁官人こそが武士の中心的な勢力であり、国衙を中心に武士＝在地領主層の新しい秩序が形成されていた。新しい形式の土地管理方式と土地台帳、税所《さいしょ》・健児所《こんでい》・細工所《さいく》などの新しい部局、それら官人への給免田、それに伴う新しい慣習法たる「国例」の発達がみられた。

地方軍制でもまた、国衙を中心に新しい編成ができていた。『今昔物語集』などの示すところでは、まず国司が京都から引率してきた私的な従者たちがあり、これと在庁官人とが国司に直属する「館ノ者共」「館侍」と呼ばれる軍事力を構成した。そしてほかに国内の中小規模の武士たちが国司の下に組織されて「国ノ者共」「国侍」と呼ばれ、これらの全体が国司支配下の軍隊であった。しかし、これらとは別に、一朝事あれば状況によって出動を要請されたものに、土着した前国司や押領使・追捕使を家の業とする地方豪族らの大規模な私的軍事集団があり、そのほかに一般住民を補助的軍事力たる「兵士」役に動員することもあった。したがって、大小の武士団の成長によって国衙の軍制は新しく編成し直されていたのである。

国ごとに組織された武士たちが、国司によって催される大狩りや一宮・二宮の流鏑馬《やぶさめ》神事などに参加して武技を競うのも、各地の恒例となっていた。彼らはまた、農業経営の領導者でもあり農村生活の中心的地位にもあったから、農民とともに質朴な田遊《たあそび》の神事芸能の愉楽にふけることもあった。そして、そうした芸能が広範にわき起こり都市へも波及して、たとえば永長元年（一〇九六）のように大田楽が流行したり、突発的な嵐のように風《ふ》流《りゅう》と称して都の貴賤を騒がせる者が現われたりすると、都市だけでみる限りそれは狂騒的・末世的な退廃現象のようにみえたりもするのだが、基盤にあるものはむしろ素朴で健康な農村的・土着的文化の興隆であった。豊後富貴寺の美麗を尽くした御堂や奥州平泉の金色堂の文化はそういう地方文化興隆の上に咲いた花であり、『今昔物語集』本朝世俗の部に収める数々の説話は、そのような武士や農民を含む都鄙庶民の生活に新鮮さを見出した都市知識層の関心と興味を、豊かに表現したものといえよう。

そうした新鮮さは院政のもとでなされた幾つかの際立った施策にもみることができる。院政出現の直接の契機はともかくとして、その政策は単に院の恣意や専制と評価すべきものではなく、以上のような在地領主層や国衙の状況に積極的に対応する意図をもつものであったと理解される。後三条天皇は世に延久《えんきゅう》の宣旨《せんじ》枡《ます》と呼ばれる枡を制定して全国的な基準枡とし、また白河上皇のころ一国平均の課役が設定されたが、これらはこの二人が推進した荘園整理政策とともに、国衙を通じての新しい統一的な支配体制を整備する意欲を示すものであった。白河院政に反発的であった鳥羽院は、院政を開始すると関白藤原忠実と結んでむしろ荘園新立を推進し、院への荘園寄進を容認することによって在地領主層を最大の権門たる院のもとに組織したのであるが、鳥羽院没後、保元の乱に勝利した後白河天皇は、新制を発して「九州の地は一人の有なり、王命の外、何んぞ私威を施さん」と宣言して、荘園の乱立・拡大を制御しようとした。そこには、保元の乱という武士の中央政界への進出の決定的時点に立って、自ら王者の立場、「治天の君」たることを示す姿勢が、儒教風の王土思想をかりて威丈高に表現されているのである。

在地領主＝武士勢力と国衙支配体制とに注目して院政期の歴史の動きを把握し、この時代の基底にはすでに「中世的なもの」が成立していたとみてその新鮮な躍動面を強調する見解は、今日の最も有力な学説の一つである。この立場からすれば、武士を主役とする軍記は中世的世界の展開の叙事詩として位置づけられることになる。けれども、中世すなわち鎌倉時代・室町時代が「武士の世」であることをあたかも自明のことのように説く通説に、はたしてどこまでの真実性があるだろうか。そもそも院政期は「だれの世」となるべくその激動を続けていたのか——。中世史を武士階級発展史観から解放してとらえ直そうという立場が、ここに登場する。

四　中世的秩序の多彩さ

この院政期の第三番目の表象は、つぎのような展望にもとづいている。すなわち日本の中世は、公家・武家それに大寺社などの権門勢家が対抗しながら並立して一つの支配秩序を形づくっていた時代である。この権門勢家とは、社会的ないし政治的に強大な権勢をもつ門閥家を指す言葉で、九世紀末からみられるものである。しかし、巨大な権門の家産支配体制が整えられ完成するのは、荘園制と同様十一世紀後半であって、あたかもそれは院政の成立期に相当する。そしてこれ以後、天皇を国王の地位に据えながらも最有力な権門が国政の実権を掌握するかたちの政治形態が中世の国家体制の基調となるのであり、いわゆる院政期はその第一段階とみなしうる。だから、中世史の基軸は、在地領主の支配と武家政治の発展という単調な法則によって理解さるべきではなく、異なった可能性をもつ諸勢力が葛藤しながら多彩に封建社会を展開していったのであり、その特色を明らかにすることこそが重要であるとする。だからまた、中世では武士の占める地位は相対的なものであったとみなされ、反対に、いわゆる封建的主従関係の定型ではとらえきれない公家社会の文弱や因襲、顕密寺社勢力の奇怪で神秘的な言説や行動なども、中世の時代的特質として語られなければならないことになる。

院政は天皇家による執政の姿ではあるが、天皇制が形態変化をとげたものではない。天皇は別に国王としての役割を果たしながら存在した。院政を行う上皇（法皇）は、国制上法的に執政権を与えられていたのではなく、最大の権門である天皇家——中世では「王家」と呼ばれたのであるが——の家長として、「敢て制法に拘らず」気ままに国政に関与したのであった。院の権勢をこの時代の婚姻と家族の変化に注目して天皇に対する父権にもとづくものとして説明する見解もあるが、院が天皇の祖父である場合もあり、また院の権限は天皇家全体に及ぶものでもあって、単なる父権ではない。しかもこの権限の大きいことは、親政形式の期間の天皇も同様であった。だから、要するに天皇家権門の家長が天皇の位にあれば形式上天皇親政という形になり、退位後であれば院政と呼ばれたわけで、院政のほうが、公的・名目的で窮屈な天皇の地位よりは、概して専権を振るうのに適していたとみられるのである。

院を頂点とする天皇家が——したがって院庁を中心とする政権が——摂関家同様一個の権門であったことは、院庁の機構・職員・文書などにみる家政管理や家司・侍・荘園・荘民の支配の実態、天皇・朝廷に対する制度上の関係などを検討すれば、明白である。権門としての天皇家は、白河院政期には受領の成功《じょうごう》によって私的財政を支えその専制的権力を発揮したが、鳥羽院政期以後は天皇家領の荘園を集積して最大の権門としての家産的基礎を確立した。それは天皇家が、摂関政治期にみられた摂関家の管理から独立しそれに対抗して、一個の権門となったことを意味するもので、天皇＝国王の地位とは別のものである。すなわち院庁政権の性格は本来私的なものであり、それが公的・国制的な機能を帯びてくるのであって、その点では同じ時期の摂関家や後の幕府と形式上同じことである。

院はいうまでもないが摂関家にしても幕府にしても権門の長たる人は、単なる実力者でなく、尊貴な家系の出である「貴種」でなければならなかった。この貴種に仕える社会階層に中央の官司・国郡司・家司《けいし》・侍《さむらい》など中下級の貴族や武士があり、被支配人民として百姓と下人があった。したがって一般の武士は、権力の頂点にある貴種（権門の首長とその家系）とは、確然と区別されていたのである。それが中世を通じての身分秩序の原則であった。

そうだとすれば、院政期の武士の社会的ないし政治的役割は、どう説明されることになるか。武士が新興の階級であるのはたしかであり、中央・地方の制度の上に新しい局面をもたらしたのも事実だが、結局は「侍《さむらい》」であり傭兵でありそれ以上のものではなかったのでなかろうか。中央の衛府の次官《すけ》、判官《じょう》にしても院の北面の武士、摂関家の侍にしても、また地方国衙の在庁官人や押領使、それに東国や蝦夷地の将軍にしても、はては鎌倉時代の守護・地頭にしても、新しい社会の主役の座に就いた革命的な階級の姿とはとてもいえないのではなかろうか。

武士の新興勢力としての新しさについては、いままで繰り返し説かれてきているが、それにひきかえ過小かつ不正確な評価を受けてきたのは、寺社の勢力である。院政期の寺社勢力の強大さは、いわゆる「僧兵の横暴」をもって知られている。僧衣に裹頭《かとう》・兵杖の姿の者を僧兵と呼ぶことは江戸時代に始まるとみられるが、院政期以後中世において、教学を研修する学侶《がくりょ》・学生《がくしょう》や堂舎で奉仕・練行する行人《ぎょうにん》・堂衆《どうしゅう》などの僧侶、つまり寺院で「衆徒《しゅと》」「大衆《だいしゅ》」と称された者のほかに、別に僧兵なる者がいたわけではなかった。寺院大衆（衆徒）が裹頭・兵杖の姿をみせるのは十世紀後半期からで、彼らの強訴は前述のように白河院政期に激しさの絶頂を迎える。強訴の内容は、対立する他寺・他派の処断、寺領荘園を侵犯したり寺院に隷属する神人《じんにん》を殺害したりした国司や武士の断罪などさまざまであるが、期するところは自派の勢力の拡張、荘園・末寺などの増大であった。私たちはここに、院・摂関家など公家権門とも武士団とも異なる独特の組織原理をもつ強力な社会集団が発展していたことに、注目せねばならぬ。

そもそも寺院大衆の主要な指導的な階層である学侶・学生は、その世俗的な出自からいえばほとんどは中下級の貴族や武士の子弟であった。彼らが出家生活に入った動機は、今日考えられがちなように世間を捨て去って仏道に精進するためというよりは、学侶としての「芸能」を身につけて寺院生活という生活の途をえらび、そのなかで昇進し名誉を求めることであり、それがこの時代の社会のしくみであった。寺社勢力の興隆が武士階級の発展とまったく並行している理由もここにあった。

寺院大衆は公的には各寺の堂舎や講を単位にして結束し、また師弟・同朋《どうぼう》・同宿《どうじゅく》の私的関係でも結ばれていたが、院政期には親王や摂関家の子弟など貴種の入寺が多くなって寺院内に特権的な階層をつくり、院家《いんげ》・門跡《もんぜき》と称して大衆の個々人と私的門閥関係を結ぶようになった。当然そのもとには、一般寺領と別に門跡領荘園が成立し、公武の世俗勢力の利害ともからみながら、政治的・社会的にも権門の一種としての性格を備えるようになった。

寺社勢力のこのようなあり方は、そのころ顕密仏教の各宗各派が一致して強調した「王法仏法相依」の論、つまり王法と仏法は車の両輪、鳥の双翼のごとく、牛の角のごとくであって、互いにどちらを欠くこともできないとする主張に、裏づけられていた。そしてそれは院・摂関をはじめとする貴族から一般庶民にまでいたる通念となっており、そういうなかで顕密仏教の教学は、極度に唯心論的・神秘主義的な本覚思想や観想的・耽美的そして呪術的な浄土教を発展させ、また奇怪なばかりの加持祈禱が絶えず行われて、仏教は一種の爛熟状態にあった。

それが院政期の一面であり、そして少なくともその最末期以前には、寺社勢力は武士勢力を凌《しの》ぐ強大さを誇っていた。それを仏教のあり方についての特定の基準から寺院の逸脱、僧侶の堕落と呼んで、社会的存在としてその実態を客観的に評価しないのは、正当ではなかろう。寺社勢力は鎌倉時代以後は院政期ほどの「横暴」を示す力を失うが、それでも信長・秀吉の焼き討ちまで独自の社会的勢力をもち続けるのである。この中世を通じて続く巨大な山脈があたかも貴族社会の一付属物にすぎないかに扱われてきたのにはいろいろな理由が考えられるが、その最も大きな一つに中世を武士階級の発展の道すじで理解する江戸時代以来の見方があり、この武士階級発展史観のためにいわば死角に入ってしまい、中世史そして院政期の表象もその多彩さが見失われていたのでなかろうか。

私の考えでは、中世は貴族・武士・寺社の各勢力が葛藤しそれぞれの特色を競い合い、次第に武家の勢力が支配的になりながらも最後まで多彩なままに推移した時代である。一にとって他の二者は無視できず、他がなければ自らもあり得なかったのである。武士の活躍の華々しさは農民など庶民の動きの高まりに乗りながらも貴族や寺社を地模様としてこそ精彩を帯びるのであり、寺社の動きは神人や聖を裾野にもちながらも貴族・武士の存在を地模様としてこそ、そのもち味が生きてくるのである。軍記はその主題たる武士の行動のみが読まるべきものではなく、そうした地模様によって主題がひときわひき立たされていることを、読み取るべきであろう。軍記は『今鏡』『愚管抄』などとともに院政期の同時代史である。これらの同時代史が何に目をみはり何を慨嘆しているか、さらにことさらに語らない前提にある当時の常識はどんなものだったか。軍記の構成に注意するとき、私たちはそのような地模様が豪華な色彩をもって武者たちの鎧冑を浮き出しているのをみることができるだろう。

軍記物語と武士団

一

軍記物語の主人公が武士であるという説明は、きわめて常識的ないい方でしかないが、文学史の真実としても究極において首肯さるべきものであることは、改めて説くまでもない。軍記物語の研究は、それゆえに、単なる武者の戦乱の物語としてその文学論なり文学史的考察なりを展開するのでなく、武士の階級としての歴史的・社会的なあり方を念頭におくことにより、いくたの新たな問題を提起し、ゆたかな真実を探りあててきた。

ところで、武士の階級としての歴史的・社会的なあり方というばあい、それは、いかなる意味で了解されているだろうか。それは多くのばあい、武士階級が、貴族階級の政治的・社会的・文化的な支配の下から「武士の時代」をつくり上げてゆく過程でのしかじかの段階という、武士階級一般の歴史的位置に重点がおかれているかにみえる。私は、そのことを一概に否定しようとはおもわないが、しかし、武士のあり方はむしろ武士団の諸々の形態として具体的に現われるのであって、いわゆる貴族・武士の二つの階級の力関係の推転の度合いというふうな抽象的なものではない。だから、武士が軍記物語の主体であるなら、それぞれの段階での武士団のあり方が正確に把握されなければ、われわれは個々の軍記物語における文学的創造の達成について、一方的な評価をおしつけることにもなりかねないだろう。もちろん、単に武士団と軍記物語との関係を論じただけで、ただちに軍記物語の文学または文学史的本質にまで論及できるわけでないことは自明だが、ここで武士団に関してのべようとするのは、そういう根本的かつ全面的究明のための一つの条件を考えてみようとおもうからである。

しかし、それにしても、軍記物語と武士団というような抽象的なテーマを掲げるためには、本来ならば主要な軍記物語のそれぞれについて検討する必要がある。だがそれはここでは不可能であるから、まず前段に武士団とその軍記物語への関連とについて概略の私見をのべ、後段で『保元物語』について考察し、『平治物語』や『平家物語』への展望にふれておきたいとおもう。

二

武士団が軍記物語の成立に果たす役割は、複雑なものがある。まず一つには、武士団は物語の重要な素材となる。それも、合戦などにさいしてその状況が記されるという意味だけでなく、武士団の性格が合戦のあり方を規定して、その時その時の英雄・勇者を創出する。われわれは、『保元物語』の為朝や『平家物語』の義経、あるいは『太平記』の正成などを、それぞれの特色をもった人物として、換言すれば英雄であることの程度差としてでなく異質の英雄として理解するが、こういう個性は作者たちの文学的創造によるところきわめて大きいものではあるけれども、軍記物語がともかくも年代記的な叙述をふまえている以上、客観的に実在した武士団の組織や行動やそのおかれた政治的・軍事的諸条件のなかから形象されたものであることも明白である。ことに、事件の体験者が生存するなかで「語られ」た物語成立期には、このことは重要であるとおもう。もう一つの他の側面は、物語の享受者としてである。武士団としては直接享受するわけではないが、それぞれの時期の人びとを通じてその時期の武士団のありようというものが享受する態度のなかに反映される。繰り返し説かれてきたように、軍記物語は語られ享受されることによって絶えずつくりつづけられてきたものであるから、こうしてはるか後代の武士団のあり方さえもが、かつての合戦の軍記物語に浸透する。この問題は、具体的には、各種の異本群の系統的研究に関係することでもあるからここで立ち入るわけにはいかないが、わずかでもつねに考慮にとどめておくべきことであろう。

右に、各時期の武士団ということをいってきたが、武士団の歴史にどのような段階が考えられるだろうか。そもそも武士は、その発生の時期から終焉の時期まで、必ずつねに、武士団の名で総称されうる集団をなした。武士団の一部をなさない孤立した個人だけの武士というものは、江戸時代の浪人者のような単なる身分上の地位としてはともかく、原則的にありえないのであって、この点、武士がただの地主や武装した個人または軍隊一般から区別されるゆえんであるが、そういう武士団が形成される根本的理由が、封建的・軍事的主従関係にあることも、いうまでもない。

ところで、そういう武士の集団には、歴史上ごく大づかみにいえば、両極的な二つのタイプがあったとおもう。一つは、初期の家父長制的（族的）武士団であり、もう一つは、幕藩体制下の大名の家臣であって、わが国の武士団の歴史は、前者から後者への展開の歴史であるということができる。初期の武士団の特長は、族的・血縁的色彩をつよく帯びていることであるが、その族的集団は惣領制の名で叫ばれる一種の家父長制的組織で統轄されていた。しかして惣領のもとには、一族・庶子である家子《いえのこ》や譜代の郎党、家人があり、さらにその下に、いわば雑役に使役される所従・雑色・下人などがあった。郎党・家人と所従・雑色との区別は、必ずしも明確な身分として固定したものでなかったが、おおむねこうした三層の構成が初期の武士団の必須不可分の単位をなしたのであって、これはまた、単なる軍事組織でなくむしろ彼らの所領の支配・経営組織に由来するものでもあったのである。

さて単位武士団は、その一族の発展とともに分枝して、家子・郎党がまた家子・郎党をもつという具合に連鎖状に複合的武士団を形成する傾向をもつとともに、他方では惣領が源・平など武士の棟梁の家人となることにより、これまた連鎖状に複合的武士団を形成した。したがって、武士団は二重・三重に連鎖状をなすのが普通にみられる形だが、家父長制的理念はそれを貫流していたといえる。ところが、こうした家父長制的性格は、鎌倉中末期以後徐々に失われ、武士の結集原理はあからさまな封建的臣従関係へと移行してゆく。私は、その最も直接的な契機は、武士にとっての所領の意味の変化であるとおもう。

平安時代以来草深い農村の開発領主として農民の先頭に立った武士は、その地を父祖伝来の「本領」と称し、その地名を苗字に名乗ったが、このばあい所領は、土地面積や地代の量では表現しえない固有名詞そのものであったのである。しかるに、しだいに農民との間に地代収取者と被収取者との階級的隔絶が展開し固定していったばかりでなく、それゆえにまた他人の所領をも恩賞等々として取得し支配を遠隔地にまで拡大しうる段階になると、所領はその固有の由緒を無視され農民との恩情的関係は消滅して、武士団の家父長制的紐帯もその根底が失われる。それに応じて大名領国制が展開しはじめると、いくたの下剋上を経つつとり結ばれる大名と家臣・国人との関係は、特殊な縁者や近臣は別として、普通には、擬制的にも族的結合の形式などはとりようのないものになる。その上、居所不定の悪党や野武士、足軽などが、一時の約諾や強制であつめられると、それはもはや武士団という言葉よりは傭兵の軍隊というのが適切なものになる。かかる変化は、ひろくいえば全中世にわたる期間に絶えず進行したのであるが、そのなかでも南北朝内乱期がとくに急激な転換期であったといえよう。

ところで、何よりも注意しなければならないことは、軍記物語が武士を叙述の不可欠の主体とするといっても、文学史上軍記物語の主たるものとして挙げられる作品は、右の武士団の全歴史のうちでの、限られた時期の合戦に関するものだけだという事実である。『将門記』『陸奥話記』『今昔物語集』の若干の説話などは、その軍記物語の先駆的な性格をめぐってつねに軍記発達史の冒頭にとりあげられるが、これを軍記物語の部類に収めきるには、躊躇が伴うのが普通である。ここでそれらの文学論に立ち入ることはさけて、結論として一つの点についてだけいうなら、それらの作品には武士団や武士の雄壮な行動・心情やさらには英雄的人物像などがあっても、一族（という形での武士の階級的結集）の運命がいかに打開されてゆくかが物語の主流をなさず、したがって「英雄」も孤立した勇士であるにすぎないからである。家父長制的武士団が存在しなかったわけではない。武士団の運命を担いそれを象徴する英雄は、武士階級の自己主張が公然たる形で展開する合戦が歴史上に出現しうる段階でなければ、人びとの意識にものぼらず、素材としても存在しないのである。だからその段階では、所詮合戦譚・武勇伝の域を出ることができないのである。『保元物語』が、はじめての明確な軍記物語たりえたのは、このことに理由があるとおもう。

『保元物語』『平治物語』『平家物語』などにおいて、武士団がいかなる姿で表わされるかについては、簡単ながらあとで『保元物語』を主にしてふれたいが、『太平記』にいたって、保元・平治・平家にくらべて軍記物語としての性格に異なったものが現われることは、多くのひとが注意してきたことである。それは、簡単にいえば、家父長制的武士団の解体が進行するなかで多かれ少なかれ「悪党」的傾向を身につけた武士が合戦の主体として登場してくると、『平家物語』を典型とするような軍記物語は成立する基盤を失い、軍記は異なったモチーフに移行せざるをえなかったということである。もちろん『太平記』

の「作者」は、それほど割り切ってはいなかったし、古い手法やモチーフの混乱も当然あったが、『太平記』をともかくもの境として、これ以後かつてのような軍記物語がまったくみられなくなったという事実は、きわめて重要である。ということは、武士の集団や合戦一般でなく、保元・平治以後の家父長制的武士団（そのおかれた条件も含めて）が軍記物語にとって決定的に重要であったということにほかならない。

さて、上述のような理由から、本章では軍記物語と武士団というさいの武士団としては、家父長制的武士団だけ考えたいが、この武士団、換言すれば保元・平治・平家などの段階の武士団には、二つの面に注意しておく必要があるとおもう。一つは、いままでいつでもいわれてきた側面であって、それは武士団内部の組織や精神的紐帯の族的・血縁的・家父長制的特質であり、それに伴う主従の親愛・自己犠牲・勇武等々である。しかし、他のもう一つの側面としてここで重視したいのは、武士団が、合戦や内乱の背景たる政治体制のなかで、いかなる規定を受けていたかという点である。おおよそ一般の武士団というものは、かつてそれ独自で政治勢力であったことはなかったのであって、彼らはいつでも公家の諸々の権門に属するか、でなければ平治の乱以後の平氏や源氏のように自らが武家という権門をつくり上げるしかなかったのである。つまり、武士団は公家・武家の権門に組織されることによってのみ、先述の軍記物語的な合戦に参加したのであり、そうすることを通じてのみ階級としての発展や政治的地位を獲得していったのである。それゆえ、少なくとも保元の乱から治承・寿永の乱にいたるまで、もっとひろげていえば承久の乱にいたるまでも、個々の武士団の内部的性格そのものは、本質的にそれほどの変化があるとはおもわれないにかかわらず、合戦における武士団の現われ方が著しく相違するのは、この権門への属し方の相違、したがってまた合戦における政治的・軍事的立場の規定のされ方のちがいにもとづくものといわねばならない。のみならず武士団を規定するこの側面は、保元・平治・平家など各物語の段階で戦乱の性格を規定し、その戦乱の性格は、当然物語における武士団の内部の描写と造型（客観的実態でなく）をも規定してゆくと考えられるのである。

三

『保元物語』において、鎮西八郎為朝が際立った英雄であり巨人的な無敵ぶりを発揮する人物であることは、だれしも認めるところである。それは、彼が父為義に伴われて院方の御所へ参り、はじめて院に面謁したときの魁偉なる容姿と出で立ちからはじまり、合戦において院方の悪左府頼長、大将軍父為義それに天皇方で「さしも合戦に心得たるもの」

たる兄義朝もすべてが色あせてみえるほどの縦横の活躍、さらに最後に生け捕りにされたときの鬼神・化物のごとき横暴ぶりにいたるまで、一貫して読者をひきつけるだけの描写を文学的にも達成しえているのであるが、これが当時の貴族たちの手になる記録類にはみられぬ『保元物語』独自の造型であり創出であることは、すでに明らかにされているところである（『日本古典文学大系』第三一巻、解説〈永積安明・島田勇雄〉参照）。為朝はいったいいかなる役割をもつがゆえに、そのような卓絶した英雄として強調されたのであろうか。

そのことを考えるために、はじめに注意しておかねばならないのは、『保元物語』も終始そう扱っているように、為朝は大将軍でも総大将でもなかったということである。彼は源氏の正嫡為義の子ではあるが、永年鎮西に追いやられていた末弟であって、源氏の一族たるゆえの尊貴な血統をもつ者としてさえ、扱われない。『保元物語』が、政治的・社会的および軍事的な意味で彼に与えた規定は「兵《つわもの》」であった。

もとより「兵」とはいっても、為朝にもいく人かの郎党があり、それなりに彼は武士団の統率者であった。当時の武士団の統率者は、所領も家格も政治的に保証された後世のそれと異なり、法秩序外の実力の世界で私闘・合戦に明け暮れつつその地歩を保持していたのであるから、そのほとんどすべての者は卓越した能力をもっていたであろう。郎党から雑色・下人にいたるまでの戦闘力が、統率者一人に結集されるだけの強靭なきずなが、当時の武士団にあったことも、認めてよいかもしれない。だが、それらを最大限に評価したとしても、なお為朝が「兵」であることの説明には、充分でないようにおもわれる。

為朝が「兵」でしかありえなかった理由は、むしろこの戦闘の性格に由来する。まず、この乱の規模や進行状況をみてすぐわかるように、のちの治承・寿永の乱などと異なり、狭小な地域でのわずか一日の戦いでしかない。それは、この乱のそもそもの発端が、崇徳院と後白河天皇、頼長と忠通という貴族の単なる勢力争い——権門相互間の矛盾——に発するもので、結果からもわかるように敵方の個人を殺すか配流するかすればすむ性格のものであったからである。つまり、貴族自身の領地の争奪でもなく、参加した武士の所領にも根がないがゆえに、クーデター以上のものに発展しないのである。それゆえ、源平の精兵を寄せあつめていたにしても決して大軍といえる規模のものにならず、合戦のやま場である白河殿の夜討ちにしても、数カ所の門での一騎討ちが戦闘の方法であるにすぎない。これでは軍勢を指揮し作戦を練るという行動は、重要ではあっても単純なものであるにとどまることになろう。かかる条件のもとでは、たとえ為朝が大将軍の素質をもっていたとしても、それを発揮する余地がありえたであろうか。その点で、頼長が為朝の意見を即座に退けたという挿話は、為朝が「兵」としてしか行動しようがなかった状況を、明確に示しているといわねばならない。

したがってそれは、単純に戦闘形態の問題ではなく、崇徳院や頼長にとって為義や為朝がいかなる存在であったかということ、一般的にいえば、公家権門にとって武士が何であったかという問題である。そして、「兵」の総指揮者である為義さえも、単なる武力として院方に雇われたにすぎない事実が、その解答を与える。『保元物語』は、為朝が参候したとき、そのおどろくべき巨姿をすみずみまで描写したあとに、「新院、母屋の御簾を引ほころばして叡覧あり。竜顔頗る靨《えくぼ》にいらせ給。左大臣殿、大床に候ひ給ひけるが、はるかにみいだして咲《えみ》まけて「為朝既に参りて候。誠にまことにゆゝしく候。一人当千とは是をこそ申らめ」とて、もっての外にぞ御感ありける」とのべているが、これは単なる為朝への賛辞であろうか。もちろんそうではない。院や頼長にとっては、為朝は意志を欠除した一個の巨大な怪物であるにすぎないのであって、彼らはそれをしも入手し使役しうることに満足をもって観賞しているのである。為朝はそういう意味で「兵《つわもの》」であったのであり、それが、この乱での武士のおかれた位置であった。このことは、天皇方に召された義朝が、骨肉の父や弟を敵方にしながらも、紅の扇を開いて「只今敵ニアイヌル心ノスヾシサコソ候ハネ」とうそぶいたという、『愚管抄』にも『保元物語』にも伝える事実からも、やはりたしかめることができるとおもうが、これは、為朝や義朝が一族の宿命を担った武士団の統率者としての主体性をなんらもちえなかったことを意味するものでなくてなんであろうか。為朝の下には「影のかたちにしたがふがごとくなる兵」がかなりあったにかかわらず、為朝自身が「兵《つわもの》」として描かれるほかなく、またそういう「たけき兵《つわもの》」の役割に適合した素質をもつ為朝だけが、この物語の舞台たる保元の乱では「英雄」的に行動しえたのである。

しからば、『保元物語』は、院や頼長が為朝を観賞したのと同様に、単純に「兵」の武勇を描こうとしたものであろうか。しばしば指摘されるように、『保元物語』には『今昔物語集』などにみられる説話的合戦譚の残影がみられるのも事実であるが、それは、説話的手法が技巧としていまだ克服されていないということよりは、前述の「兵」としての武士の性格が将門・純友・頼義・義家その他叛乱者や追討使としてのそれまでの「兵」と共通するものがあったからであろう。だが、それにしても『保元物語』の叙述は、「兵」の武勇譚にとどまるものではなかった。物語は、保元の乱の始終顚末の一切を順次を追うて書き尽くそうとしているのであって、それも、形式的には「逆徒悉く退散し、王臣身をあはす」にいたることに筆を納めているが、実際には、敗北した源氏の悲劇とその再興を暗示することに大きな紙幅をさいているのである。これは、物語の成立した鎌倉初期という時期から考えても、後世の追補ではなくておそらく本来の構想であっただろう。いわば、物語全体としては、為朝等々の個人的武勇譚でなく、歴史が織りなす一族の運命——という形での武士たちの歴史――こそが語られようとしているのであり、その点で、将門の一期で話の尽きる『将門記』などとは決定的な相違がある。しからば、かの「兵」としての為朝の造型と、この一族の運命とは、いかなる関係におかれているのか。これもしばしばいわれるように、為朝の敗北が源氏の悲運を表わし、その微塵も敗北感のない退場が来るべき源氏の再興を予言するものであったことは、疑いない。そのかぎり為朝は源氏、ひいては武士階級の象徴であった。逆説的ではあるが、『保元物語』は「兵《つわもの》」で象徴される物語としてしか成立しえなかったにかかわらず、それゆえにその段階での武士団を表わし、彼らの「英雄」が形象されえたのである。しかし、もとよりこれは矛盾を含んでいる。「兵」としての為朝には、後世の「作者たち」「享受者たち」がその意味をひき出そうとするような行動は事実上含まれていないのであり、戦乱に実際に参加したはずの源氏武士団もゆたかな群像として表現されることはなかったのである。したがって、為朝のかなり粗野で誇大な造型だけが、他方の悲劇的な諸場面との対照のなかで異様な巨人像をつくり上げることになった。それゆえ、『保元物語』の軍記物語としての未熟性ということがいえるとすれば、少なくともその一端は、当時の武士団のあり方にかかわるものであったのである。

四

『平治物語』が成立した段階が、武士団の内部それ自体として、保元の段階と大差あるはずがないことは明らかである。だから、武士団についていうことがあるとすれば、武士団と権門との関係のちがい、つまり政治構造の差異が、決定的に重要であろう。

『平治物語』を『保元物語』と比較したばあい、だれしも注意するのは、義平の造型と為朝のそれとの類似である。しかし、古本類ではその類似性が少ないと報告されている事実や、義平と並んで重盛にもかなりの勇者的造型がなされていることは、『保元物語』にくらべて、ひとりだけの卓絶した英雄的形象がそれだけ減退していることを示すものでなかろうか。むしろ、われわれが注目すべき点は、多数の武者の群像が多彩に描写されはじめていることである。それは平治の乱においては、源平両氏が乱の発端からその中心に加わっていたこと、それに伴い、戦闘の地域や規模もややひろがりをみせたことによるものであろうが、それぞれの郎党をしたがえた武者たちが、剛臆悲喜多様な姿態と行動を展開するというふうに、武士団それ自体が描写の対象となったのは、彼らがもはや貴族への奉仕だけの「兵」ではなくなったことを意味するのでなかろうか。六波羅の合戦において足立遠元の郎党が太刀を主人に召し上げられて憤慨した話のごときは、武士団の一側面を物語るものであるが、そうした描写は個々の武者への注目を深めることによってこそなしうることであったとおもう。このように、平治の乱が客観的にその可能性をより多く与えうる条件にあったことは、無視できない事実である。『平治物語』もまた源氏の悲運に深く同情をよせているかにおもわれるが、もはやここでは、一族の運命は、たとえば義平個人の不敵さなどによって語られるのでなく、女性までも含む多様な人びとによって、具体的にゆたかに織り出されるようになるのである。

『平家物語』の内容をなす治承・寿永の乱は、源平両氏という武家権門の争覇としてくりひろげられた。もはや武士たちは、貴族に使用される「兵」ではなく、源平両氏の御家人であった。『平治物語』にみられた方向が、ここでは全面的に展開し、武士団のあらゆる側面、可能なかぎりの多様な挿話に文学的生命が与えられた。日本列島のすみずみまでが意識され、都と東国と西国との武士団の地方的特質までが表現された（それは実は武士発生以来存在したものであった）。私はあまりにも、情勢だけが武士団の造型を可能にしたように、いいすぎているかもしれない。しかし、歴史文学である軍記物語は、そのことがなければ創造の条件を失うのである。清盛・義仲・義経らの造型も、諸行無常の響きも、その前提の上での創造として評価されねばならないのである。

太平記の人間形象

一　評価の基点

『太平記』は、『平家物語』とともに戦記文学の最も代表的な一つとして知られている。ことに、中世の叙事詩的文学についての関心が深まるようになってからは、戦記文学のうちでも両者がとくに注目され、研究が重ねられている。

ところが、こうした研究の深まりのなかで、次第に一つの固定した傾向が生まれつつある。それは、戦記文学の最高峰ともいうべき『平家物語』に比べて、『太平記』となると、構想も大きく史実も正確でありながら、読者に感銘を与えることが少なく、文学的には不成功に終わっている、全体からみれば、戦記文学の凋落期の作品だという評価である。

だが、ここに一つの問題は、以上のことがまったく正しいとしても、なにゆえに『太平記』が『平家物語』との比較からのみの評価を受けねばならないかという点である。おそらくそれは、〝戦記文学〟というジャンルの流れからだけ『太平記』をみるからであり、『太平記』それ自体のモチーフを追究することがあまりに少なすぎるからであるとおもう。しかし、『太平記』が〝『平家物語』を最高峰とする戦記文学〟としてだけ評価されねばならぬという理由は、すこしもないのである。まして、この点からいちがいに文学的価値をきめてかかるとすれば、『太平記』の文学的個性ともいうべきものはついに見失われてしまうのでないかとおもう。

もっとも、いままでに『平家物語』との比較論しかなかったというわけではない。永積安明氏は、『太平記』全編にみられる落首に注意して、そこに『太平記』独特の鋭い批判的精神がひそんでいること、しかもその批判的精神が「真の批判精神」でないために高い芸術性をもつまでにいたっていないことを指摘された。だが、このばあいわれわれはいったい『太平記』にどのような芸術的内容を期待すべきだというのか。作者に「真の批判精神」があれば、どのような文学的創造がありえたというのだろうか。『平家物語』とならんで、それに劣らぬ戦記文学をもう一つもちえたというのだろうか。

このこと、つまり『太平記』が果たすべき文学的形象について、時代における使命について、語ってくれるものがあるとすれば、それは南北朝内乱の歴史的性格をおいてほかにない。そして南北朝内乱は〝『平家物語』を最高峰とする戦記文学〟を要求していただろうか。もちろんそうではないとおもう。津田左右吉氏のように、戦記文学を「総じて武士の気象と風尚とを示すところにその主なる意図のある」ものという一般的な規定をするにしても、それでさえ問題がある。また〝批判的精神〟に貫かれた歴史文学というような形が要求されていたとも、私はおもわない。

以上のことから、私はさしあたって『太平記』についてつぎの点を明らかにしておきたいとおもう。第一に、『太平記』を評価するのに戦記文学としてだけ取り扱う根拠があるかどうか。つぎに、『太平記』が描いた世界の客観的特質について検討し、同時にそれが『太平記』の主要なモチーフであったかどうかを究明することである。でないと、『太平記』における文学的形象化の成否、性格、文学史的位置などを論ずることができなくなる。

第一の点はきわめて簡単なことである。今日までの諸研究によって、『平家物語』が戦記文学の白眉であることが繰り返し論じられているのをみても、戦乱を素材とした叙事詩的な語りものという性格をもつ戦記文学が、本来鎌倉武士独特の階級関係とその歴史的役割に固有なものだということは明らかである。とすれば、南北朝内乱が、鎌倉時代的社会を否定するものとして現われている以上、『太平記』に〝戦記文学〟を期待するのは、はじめから無理な話だということになる。またそればかりではない。南北朝内乱には、鎌倉期的なものとはっきり違ったものが、中心的に動いていたからである。

それはほかでもない、この時代に畿内を中心に顕著にみられる土豪・郷民らの新しい動きである。これを、無条件に勤労農民の台頭というのは間違いだが、荘園制と惣領制の屋台骨をゆさぶりながら進行する内乱のなかでは、名主層の家父長的支配や武士団の統率を解体させながら一人ひとりの人間が躍動していたことはたしかである。『太平記』にも数多く出てくる野伏・足軽のいくさは、この新しい勢力が戦乱に参加した姿であった。

もとより『太平記』には（南北朝内乱では）、鎌倉時代とあまり変わらぬ関東の騎馬武者も多数活動する。そしてそれはそれでまた、後述のように『太平記』にとって重要な役割をもっていた。けれども、東国や九州では、この内乱の末期にいたるまでともかくも惣領制が維持されており、全体としては内乱には畿内の情勢に触発されて参加したにすぎなかった。内乱の始動力はあくまで足軽・野伏あるいは郷民として現われる畿内地方を中心とする勢力にあった。だから、私たちは、もはや六波羅攻めや鎌倉攻めのような東国武士間の戦闘だけを『太平記』の描写の代表とするわけにはゆかないし、また一種の兵力であったとしても「武士の気象と風尚を示す」戦記文学の形態的規定に外れる野伏・足軽が活動していることを認めねばならない。要するに〝戦記文学〟としてだけ扱うのが根拠のないことであることがはっきりしてくる。

けれども私は、「足軽・野伏」という言葉で「戦記文学」の概念に代置しうる規定を『太平記』に与えようというのではない。足軽・野伏という姿で氷山の一角を示している動きの本質を文学的にとらえるためには、うわべの形態でなく人間のもっと内面的な性格を追究することが必要である。そしてそういう意味から、私は、何よりもいわゆる「悪党」なるものの役割をはっきりつかむことがきわめて重要な鍵であると考える。

悪党については、いままでにいろいろ論じられているが、主な点をいえばこうである。まず悪党は、荘園制支配機構――鎌倉幕府は結局これを「守護」しているわけだが――とたたかうあらゆる階層の人間を象徴している。それは、荘園制秩序に対捍するものがすべて悪党の名で呼ばれたというだけの理由からではない。もっとも悪党の名にふさわしい山賊・海賊・強盗・追剥などが実は、単に腐敗堕落の社会的落伍者であったのでなく、行きづまりをみせていた荘園制社会の叛逆者の背負った運命を具現する者だったからである。悪党は鎌倉の末期になるほど次第に集団を形成してゆくが、その張本人となる武士は階級的には国人層――室町守護大名制の基盤になる階級――にほかならないのである。播磨の地誌である『峰相記』はこの間の事情をきわめて具体的に記しているが、最後に結んで「国中ノ上下過半彼等（悪党）ニ同意スル間、廉直ノ士神妙ノ族、耳ヲ押ヘ目ヲ塞テ旬ヲ（三）互ル処ニ、果シテ元弘ノ重事出来ル。併此輩カ所行武家（鎌倉幕府）政道ノ過失也」とのべている。もって悪党の役割がいかようなものであったかを察することができよう。

このように悪党は、歴史的・社会的にみて内乱の勃発に、きわめて象徴的意味をもっていたが、このことから当然ながら、新しい土豪・郷民あるいは足軽・野伏の軍は、まさにその重要な特徴として〝悪党的〟であったことに注意される。そして私は『太平記』がこの動乱を叙するにあたって描き上げようとした主要なものは、この悪党的な人間像であったと考えるのである。つぎにそのことを『太平記』について具体的に検討してみよう。

二　叛逆的人間の形象について

『太平記』が悪党的人間像を中心としているということは、まことに多様な意味でいえることである。まず素材の点では畿内を中心とした野伏・足軽の軍勢にほとんど多少とも悪党が参加していることが指摘される。護良親王、楠木正成、赤松円心らの軍、後醍醐天皇が使った刺客、山門の悪僧、伊吹山麓の「山立・強盗・溢者共」など巻十あたりまではいたるところに出てくる。これは、一々列挙するまでもないだろう。だが、この場合、問題は、悪党という語や悪党といわれた者がそこにみられるということではなく、野伏・足軽のいくさが〝悪党的〟であることである。たとえば、

(1)「我等父子兄弟、少年ノ昔ヨリ、勅勘武敵ノ身トナリシ間、山賊海賊ヲ業トシテ、一生ヲ楽シメリ、然ニ今此乱出来シテ、忝モ万乗ノ君ノ御方ニ参ス……」(巻八)。

(2)「我命ヲ助ケタヒ給へ、其悦ニハ六波羅殿ノ銭ヲ蔵シテ六千貫瘞《ウスメ》ラレタル所ヲ知テ候ヘハ手引申テ、御辺ニ所得セサセ奉ラン」ト云ケレハ、(野伏の棟梁は)誠トヤ思ヒケン、抜タル刀ヲ鞘ニサシ……(巻八)。

(3)物慣タランスル足軽ノ兵百五十人スクリテ歩立ニナシ、夜ニ紛レテ金峯山ヨリ忍入(巻七)。

(4)赤松ノ一族ニ佐用左衛門三郎範家トテ、強弓ノ矢ツキ早、野伏戦ニ心キ、テ、卓宣公カ秘セシ所ヲ我物ニ得タル兵アリ、態物具ヲ脱テ歩立ノ討手ニナリ……(名越尾張守を物陰から唯一矢に射落とす)(巻九)。

(1)(2)は悪党がどういう意図で参加しているかを示すもので、実際戦闘はこういう人物によって展開してゆくのである。(2)(4)は、野伏・足軽の戦術が鎌倉武士のそれとまったく異なる奇抜な謀略を基本とすることを示している。要するに野伏・足軽のいくさの特徴は、個人よりは集団、名誉よりは欲望、武勇よりは大力である。ひたむきで真面目な攻撃・行動でなく、不敵奇抜な謀略と叛逆精神といってもよかろう。そしてこれこそ悪党の性格の内容をなすものにほかならないのである。

だが、『太平記』の場合、悪党・溢者が実際にその戦闘または集団に参加していなくても、描写のニュアンスが悪党的であることが多い。

其辺ノ郷民共ノ慾心ヲ勧テ宮ヲ他所ヘオヒキ出シ奉ラント相計テ……（巻五）。

主上誠ニ怖シケナル御気色ニテ、汝等心アル者ナラハ、天恩ヲ戴キテ私ノ栄花ヲ期セヨト仰ラレケレハ、サシモノ深須入道、俄ニ変心シテ……（巻三）。

其道五十町カ間、馬物具ヲ捨タル事、足ノ蹈所モ無リケレハ、東条一郡ノ者共ハ、俄ニ徳附テソ見タリケル（巻三）。

大衆懸ルヘシトハ思ヒモヨラス、我先ニト京ヘ入テ、ヨカランスル宿ヲモ取、財宝ヲモ管領セント志テ、宿札共ヲ面々ニ二三十ツ、持セテ……（巻八）。

物欲・変心・奇抜・誇大というようなモチーフは、もちろん悪党と無関係にも存在しうる。しかし、『太平記』の場合、社会的歴史的背景からみてもその素材の性格からみても、それが悪党に集約されるものとみて間違いあるまい。その意味で、私はこれを悪党的・叛逆的モチーフと呼びたいとおもう。

さて『太平記』は、この悪党的・叛逆的モチーフを、ついには武勇の誉れたかい鎌倉武士にまで、適用する。たとえば有名な千早城の攻防戦では、「賤諺ニ東八箇勢ヲ以テ日本国勢ニ対シ、鎌倉中勢ヲ以テ東八箇国勢ニ対スト云ヘリ」（巻十一）と『太平記』自ら別

のところで記す関東鎌倉勢を描写して、

千剣破《ちはや》城ノ寄手ハ……百万騎ニ余リケレハ、城ノ四方二三里カ間ハ、見物相撲ノ場ノ如ク、打囲テ尺寸ノ地ヲモ余サス充満タリ、旌旗ノ風ニ翻テ靡ク気色ハ、秋ノ野ノ尾花カ末ヨリモ繁ク、剣戟ノ日ニ映シテ耀ケル有様ハ、暁ノ霜ノ枯草ニ敷ルカ如クナリ、大軍ノ近ツク処ニハ山勢是カ為ニ動キ、鬨声ノ震フ中ニハ、坤軸須臾ニ摧タリ、此勢ニモ恐レスシテ、纔ニ千人ニ足ヌ小勢ニテ、誰ヲ憑ミ何ヲカ待トモナキニ、城中ニ堪テ防戦ヒケル、楠カ心ノ程コソ不敵ナレ（巻七）。

と、まずもって雲霞のごとき大軍として誇張して描かれることによって、個々の武士の個性的な勇武は捨象され、やがてこの量による攻撃がたちどころに失敗すると

唯取巻テ食攻ニセヨト下知シテ軍ヲ止ラレケレハ、徒然ニ皆堪兼テ、花ノ下ノ連歌師共ヲ呼下シ、一万句ノ連歌ヲソ始タリケル（同）。

軍モ無テソヽロニ向居タル徒然ニ、諸大将ノ陣々ニ江口神崎ノ傾城共ヲ呼寄テ、様々ノ遊ヲサセラレケル（同）。

このはてには、仲間同士のくだらぬ口論、斬り合いまではじまる始末である。そして以下周知の千早城合戦がまことに奇抜に痛快に描かれる。つまりここでは、「不敵」な――これが悪党の本領だが――正成の戦いの雰囲気をかもすために、鎌倉武士がそれこそ〝戦記

文学〟にふさわしい誇りや伝統とはまったく反対に、いわば悪党的な人間像の素材に転化させられているのである。もとより当時の東国武士が鎌倉初期のあの華やかな勇壮さをすでに失っていたことはたしかだろうが、必ずしもこういうふうに描かねばならぬわけではない。現に『太平記』自身、義貞の鎌倉攻めのような東国武士相互の戦闘では、源平合戦になぞらえ、もっとひたむきな、勇壮なものとして叙述しているのである。だから、千早合戦の段は、明らかに『太平記』作者の一つの創作、しかも成功的な創作である。しかも、作者はこのばあいには、いわば非戦記文学的であること、戦記文学的手法による人間描写の裏をかくことによって、悪党的・叛逆的な人間形象をつくりだしているのである。またよくいわれるように、この千早城の楠木の戦法はおそらく作り話か故事の引用かであり、話がうますぎることもたしかである。しかし、そのような虚構や誇張的な表現は事柄の真実性を失うのでなく、読者に虚構・誇張を半ば意識させつつかえって悪党的人間を痛快に、おかしく描きだすのである。楠木正成がもともと悪党の系列に属する人物だという歴史的事実との関連も考えられてよいが、もはやそれをくだくだ書くのは蛇足であろう。

このように、『太平記』では〝悪党〟が、単に素材として登場するのみならず、またさらに悪党のもつ属性が無意識的に反映しているのでもなく、悪党的人間は作者が意識的にとりあげた『太平記』の主要なモチーフなのである。そしてそこにはたしかに時代の精神の重要な側面の形象化が認められる。だがさらに作者は、単に人物描写のみならず、全編の構想についてもかかる悪党的なたくましさ、不敵な叛逆性を中心に据えることを意識し、またそうせざるをえなかったとみられる。『太平記』[六]がまず冒頭から書き出したことは、

爰ニ本朝人皇ノ始、神武天皇ヨリ九十五代帝後醍醐天皇御宇ニ当テ、武臣相模守平高時ト云者アリ、此時上君ノ徳ニ背キ、下臣ノ体ヲ失フ、是ヨリ四海大イニ乱レテ、一日モイマタ安カラス、

という乱世であり、「天地命ヲ革ムヘキ危機此ニ顕レタリ」ということであった。そして、以下その筋を追うと、天皇の関東調伏、俊基の潜行、無礼講などからはじまって、天皇の「謀叛」や人びとのいくたの大胆な行動が語られ、やがて野伏・足軽・悪党・溢者の集団が現われてくるわけで、『太平記』の前半、少なくとも巻十二までの面白さの中心は物語的なストーリーの展開や戦士の英雄的形姿でなく、この驚天動地の事件の連続にあるとおもう。それは、「其比都鄙ノ間ニ希代ノ不思議共多カリケリ」（巻五）とか、「公家ノ政道正シカラス、武家ノ積悪禍ヲ招キシカバ、祈レ共神非礼ヲ享ス、語ラヘトモ人利慾ニ耽サルニヤ……」（巻八）とか、「宮方ハ負レトモ勢弥重リ、武家ハ勝トモ兵日々ニ減セリ」（巻九）とかいうような、事件の展開の不思議、矛盾、逆説を語る言葉にも表わされている。要するに『太平記』は、真正面から革命と叛逆をとらえようとしているのであり、こ

れを背景にして悪党的人間の不敵・痛快を描き出そうとする。この点、『平家物語』が、かの「諸行無常」を通して歴史の変革と人間の姿をとらえようとしたのと似ているが、その関係は著しく異なる。『太平記』は『平家物語』のように主題を通じて詩的な余韻を生み出すことを必要としない。反対に悪党的人間が革命と叛逆という主題をつくってゆくのである。

したがってまた不敵な叛逆精神、わき上がるような革命的情勢は、いくたの超現実的な構想をも生みだす。全編を通じていえば、それは〝不思議〟という表現にみられるが、この〝不思議〟は現実の悪党の〝不敵〟につらなっている。現実の〝不敵〟が〝不思議〟を構想させるのである。たとえば、つぎの事実は、この両者の関係を鮮やかに示している。すなわち、さきの引用した千剣破城軍の一節にある、

此勢ニモ恐レスシテ、纔ニ千人ニ足ヌ小勢ニテ、誰ヲ憑ミ何ヲカ待トモナキニ、城中ニ堪テ防戦ヒケル、楠カ心ノ程コソ不敵ナレ。

という叙述の「不敵ナレ」は、流布本では不敵であるが、神田本では「ふしきなれ」となっている。この場合「不敵」という表現の現実的な調子に比べて、「不思議」というときに我々が受け取る超現実的なものが大切である。「不敵」というとき、それは楠木の性格を説明しているのであるが、「ふしきなれ」は戦闘の情勢を語っているのである。そして

この両者が諸本によって置きかえられているところに人間描写と構想との関係が示されているといえる。

物欲的な叛逆的な精神をもつ悪党的モチーフが、他の反面にもつ、この人の度胆をぬく超現実的な側面――「ふしぎ」という語に示される――は、さらに、『太平記』の全編随所に現われる天狗山伏によって、最も典型的に表現される。たとえば北条高時の滅亡を予言し、あるいは、義貞挙兵の規模を叙述するばあいの天狗山伏の「不思議」（巻五、巻十）がそれである。疑いもなくこの「不思議」は、変革の規模の巨大さが民衆の間で物語らせる一つの幻想である。しかし、幻想であるにしても、同時にそれは変革を期待する民衆の心情に文学的な形象を与えたという意味で、一つの真実を物語っているのである。

私は『太平記』の「新しさ」についてあまりに誇張しすぎているかもしれない。いろいろ理屈をつけて針小棒大に語っているかもしれない。しかし私も、『太平記』が読むにいささか骨の折れる作品だということは知っている。そのことについてはつぎにのべる。だがそれにしても、『太平記』が新しいモチーフをもっており、新しい人間形象を意識していたということだけは、針小棒大にでも強調しなければならない。なぜなら、私たちにとって大切なのは、戦記文学が凋落することでなく、新しい文学が芽生えていることだからであり、ことにあとにのべるようにそこに新たな民衆的立場がはじまっているからである。

三　モチーフの発展を妨げた限界

『太平記』の独特のかつ中心のモチーフは、大体以上のようなものだとおもうが、しかし、実はこういう悪党的・叛逆的モチーフが『太平記』の全編をおおっているといい切るには問題がある。最初に書かれたといわれる巻十あたりまではそれでいいのだが、すでに繰り返し指摘されているように、『太平記』の構想は次第に破綻しついに収拾つかないままでの不統一を暴露するようになる。それは作家論・文体論にもからむきわめて複雑な問題なのであるが、ここでは内乱の展開事情や作者の立場を考慮しつつモチーフの変転として考察してみることにする。

はじめに考えておかねばならぬのは、前節でのべたような悪党的・叛逆的モチーフを、作者がどうしてとらえたかということである。『太平記』はたしかに一種の歴史記述ではあるが、単なる編年記録でなく明瞭な党派的立場からの文学的統一をもっていた。つまりこういうモチーフを一貫させる（もとより巻十一まで）ことができたのはいうまでもなく反北条＝天皇方の立場にあったからである。悪党に同意した「国中上下過半」（『峰相記』）と同様、作者もまた変革・叛逆を期待をもって見守っていたからこそ悪党的・叛逆的モチーフを中心に据えることができたのである。だがこれは階級的にみれば実に複雑で不安定な立場であった。反北条勢力は政治的には一応一つにまとまりえたが、階級関係を分析してみれば、天皇、貴族、寺院大衆、土豪、農民など、ほとんどあらゆる階級が――つまり究極は利害相反する諸階級が――それぞれの思惑から仮に一時的に連合したにすぎないものである。ところで作者には、内乱が負う歴史的使命たる鎌倉的社会との対決という契機がない。そこで彼は悪党に対して大きな期待と寛容とをみせた一方、鎌倉期的惣領制の軍勢や新田・足利の「貴族」にもまた別の賞賛を与えようとする。新田―北条、足利―北条の戦いを源平合戦になぞらえ、類型的な筆法と文字の上での誇張にみちた〝戦記文学〟調を用いて、今日の文学者から戦記文学の凋落を指摘される原因は、このように、鮮明な階級的対決の契機を欠いていた点にあるともいえよう。

だがここまではまだよかったのである。充分でないかもしれないが、建武以前はともかくも悪党的なモチーフによって個々の人物の形象も全体も統一できたのである。

ところが建武以後は、事態は作者の望むように展開しなかった。『太平記』はいうまでもなく歴史文学の一つであり、歴史の展開から勝手に離れることができないわけだが、「宮方深重の者」である作者にとっては世間の動きはまったく不都合な方向へすすんでゆく。それは作品の上では、いままでのように内在的なモチーフに裏づけられた構想が不可能になることであり、同時にまた人物の形象が意に任せぬことでもある。作者はいままで期待していた国人層――のみならず天皇・貴族らに対しても描き上げるべきもの、感動をもってとらえうるものが見当たらない。だから建武以前は、国人の所領や名利への欲望は悪党的なものまで含めてそのまま是認し、それによって全体を動的に描写していたのに、同じ国人の思案でも建武以後は「向背常ならぬもの」として、「世ノ中サテトヤ思ヒケン降参シテ義貞ノ前陣ニ打ケルカ、後ノ箱根ノ合戦ノ時又将軍へハ参ケル」（巻十四）というだらしのない右往左往する人物――これも悪党の一面だが――としてしかつかめなくなる。

またその反対に正成のような人物は「智仁勇ノ三徳ヲ兼テ、死ヲ善道ニ守ルハ、古ヨリ今ニ至ルマデ正成程ノ者ハイマダ無リツルニ……」（巻十六）というように、叛逆的でないだけでなく、教訓的な形で説明される。後醍醐天皇や義貞にしてもまったく同様であるが、要するにこのように本来のモチーフが変わってきて、どちらかといえば、批判的、教訓的になる一方、一種悲壮なものをモチーフとするようになるのが、巻十二から巻二十あたりまでの特色である。しかもその悲壮なものが真に悲劇的であるかというとそうでもなく、ただ作者の主観を文字で強調しているだけなのである。つまり正成・義貞・後醍醐天皇などの死は、たしかに歴史の生んだ悲劇にちがいないのだが、民衆の動きと反対だから、どうしても大きな歴史の悲劇として共感を呼び起こすものに仕上げることができない。結局、全体は国人層に対する「倫理」的立場からの冷ややかな批判だけに終始してしまうのである。私はこれを、悪党の第二次的な形象と呼びたい（和辻哲郎氏が、『太平記』は楠木正成を中心に展開しているというとき〈『日本倫理思想史』下巻〉、この観点から『太平記』が眺められているのである）。

このことは構想の点においても指摘できることである。建武以前は、全体の革命的構想は、悪党的・叛逆的人間という性格がつくり出していったものであったが、もはやいまでは人間が状況に挑んでゆくというそういう構想は展開できない。たとえば、

(1) サレハ縦六波羅コソ輒ク攻落サルトモ、筑紫鎌倉ヲハ十年二十年ニモ対治セラル事難シトコソ覚ヘシニ、六十余州悉符ヲ合タル如ク同時ニ軍起テ、纔四十三日ノ中ニ皆滅ヌル業報ノ程コソ不思議ナレ（巻十一）。

(2) 爾ヨリ後ハ九国二島、悉将軍ニ附従ヒ奉ラスト云者ナシ、此全ク菊池カ不覚ニモ非ス、又直義朝臣ノ謀ニモ依ス、只将軍天下ノ主ト成給フヘキ過去ノ善因催シテ、霊神擁護ノ威ヲ加ヘ給ヒシカハ、不慮ニ勝コトヲ得テ、一時ニ靡キ従ケリ（巻十六）。

(1)では不思議ナレといっても神秘的な意味でなく、むしろ前節に説いたように叛逆的性格が生み出す〝変革の偉大さ〟を物語る構想なのであるが、(2)ではそうでない。作者はこの

文の前に事件の進展をきわめて詳細に説明しているのであるが、にもかかわらず事態の本質を正しく見抜くことができず構想をリアルにすすめることができないから、神秘的に結んで一種の逃避をするほかないのである。こうして結局巻十二から巻二十あたりまでが『太平記』のなかで最も面白くない部分になるのである。

巻二十三ぐらいを境にして『太平記』は別の人によって書き継がれているともいわれるが、別人であるかどうかはともかく、このあたりから『太平記』のモチーフは三転するようにみえる。それは一つには内乱の展開そのものがまた別の段階に入りこんだからでもあるが、ここで最も注目しなければならぬのは、内乱の過程で国人層、とくに守護大名の矛盾がようやく顕著になり、それが、『太平記』本来の悪党的モチーフに第三次的な形象を与えたことである。

当時の国人層、ことに守護大名が（内乱のはじめからそうなのだが）、格調高い精神のもち主でなかったということは、ここに改めて強調しておく必要があろう。彼らは古い権力に対しては相対的に進歩的な立場にあったとはいえ、他方（とりわけ旧権力が一応弱まった以上）勤労農民に対しては支配者たる以外の何ものでもなかった。農民と対立し矛盾する立場にある彼らは、荘園制や守護勢力との関係においても、率直なひたむきな行動をとることができず、とかく反省的であるばかりかさらに不純な取り引きと確信のない闘いにさえ駆り立てられざるをえなかった。それは散文的かつ俗物的であるという意味において、また同時に背後に大衆のない孤立した人物であるという意味において、〝悪党的〟であったといえる。だから、こういう意味でも悪党的モチーフを描こうとすれば、なるほど「不敵」でもあり「不思議」でもあっても、もはやそれは読者を技巧的に刺激するだけの卑俗なマンネリズムに陥らざるをえない。なぜならそこではたたかうべきものが全然はっきりしていないのだから、詩的なもの、劇的なもの、その他一切の文学的なものが生まれる余地がないのである。私はこれが、『太平記』における悪党的モチーフの第三次的な形だとおもう。巻二十一以後に現われる佐々木道誉（巻二十一）、畑六郎左衛門（巻二十二）、土岐頼遠（巻二十三）、とくに高師直などはその代表的なものであって、その他反尊氏の守護大名たちはすべてこういう人物である。こうして作者は、すでに野伏も足軽もまた郷民もほとんど忘れて、ただ変転する上層の政治的局面の不安動揺の角度からしか人間をみることができなかったから、当然そこにはリアルな構想も生まれなかった。後半において、怨霊（巻二十二、大森彦七事）、宝剣（巻二十五、自伊勢上宝剣事）、天狗勢揃（巻二十、尊氏兄弟和睦附天狗勢揃事）というような神秘主義的構想ないし技巧が強く現われざるをえなかったのはこうした事情による。それはもはや「不思議」の技巧への堕落以外の何ものでもない。永積氏が指摘される落首の批判精神の限界――分散した批判性というのも、この段階では直接に党派性と関係することでなく、むしろモチーフの堕落による技巧化に関係することが多いとおもう。巷の落首はたしかに民衆の批判の眼を示しているが、作者がこれをひろい上げたのは民衆の眼としてではなく卑俗な技巧の素材のためでしかなかったのである。

このようにして『太平記』は、たしかに一貫して〝悪党的〟人間を書きつづけるが、当初の変革的・叛逆的モチーフが中途で見失われてしまうために、次第に構想は収拾がつかなくなり、退屈なマンネリズムに陥ってしまう。その理由は以上のべた通りである。だが、その当初の新たな変革的・叛逆的人間形象から最後の孤立した右往左往の人物にいたるまで、またはじめの革命的構想から後半の収拾のつかぬ混迷にいたるまで、どちらもすべてが、『太平記』の最も『太平記』らしい特質であり新しさである。『太平記』はこのモチーフとスタイルとのゆえにこそ、独特の文学史的意義をもっているのである。

四　中世文学における太平記の位置

最後に、このような『太平記』の特質が、中世文学のなかでどういう位置を占めているかについて考えてみたいとおもう。

まず、私は、『太平記』以後、それは二つの流れに継承されたものと考える。一つは、『応仁記』『浅井三代記』『朝倉始末記』などいわゆる「実録物」といわれるものであり、ほかは、『義経記』『太閤記』などの伝記的文学である。いうまでもなくこれは、いずれもひろく戦記文学の名のもとに包含されているものである。

いわゆる実録物の特色は、それが文学というよりはむしろ単なる記録に近く、家伝的・教訓的な性格をもつことであろう。この点では、『太平記』と同じ時代に成立した『梅松論』の性格をひくといえば、まさしくそうである。いずれも国人的むしろ守護大名的枠内の狭い家訓的なものであって、それだけに性格の矯小さは否定できない。だがここでの問題は、それと『太平記』との関係である。要するに支配者としての性格を濃くしてゆく国人層は、実録物において、『太平記』の後半の例のやたらに精細で網羅的な、しかも文学的価値に乏しい側面だけを戦記として発展させたのである。それはまた、南北朝内乱期にあれほど数多くみられた軍忠状が、その後はほとんどみられなくなるとともに、実録物が『太平記』などに比べておそろしく詳細に歴史的事実を記そうとしていることとも、照応するものであろう。彼ら国人層ないし大名は〝戦記〟をこのようなものとして発展させるのである。

これに対し、『義経記』『太閤記』などの系列は、いわば『太平記』の変革的・叛逆的なものを継承しているといえる。たとえば『甫庵太閤記』は冒頭につぎのように記している。

爰に後陽成院の御宇に当て、太政大臣豊臣秀吉公と云う人有、自微小起り、古今に秀、寔に離倫絶類の大器たり、其始を考るに、父は尾張国愛智郡中村の住人、筑阿弥とぞ申ける、……童名を日吉丸と云しなり、出於襁褓之中より類ひ稀なる稚立にして、尋常の嬰児にハかはり、利根聡明なりしかは、……日吉丸殿、父か折檻せん事を恐れ、追出しつる坊主を打殺し、寺々を可焼払とことことしく怒出られしを、彼僧共童部とハ思ひながら恐れをなし、うつくしきかたひら扇などを送り、機嫌を候ひにけり

起筆そのものから『太平記』に似通っていることにも興味をおぼえるが、要は「百姓」から身を起こして天下をとった秀吉の卓抜な姿を、徳川氏治下の民衆がこのように超現実的、叛逆的なものとして受け取っていた点にある。もとよりそれらが、ずいぶん教訓的なものをも含み勧善懲悪の形に歪曲され制約されてもいることは否定できない。だがそれにもかかわらず、『義経記』『太閤記』などがいわゆる大衆的・講談的な読物としてひろく(今日までも)読まれているのは、やはり変革的・叛逆的要素のためだといえよう。

このことはまた、江戸時代の百姓一揆の記録が、しばしば「――太平記」という形で記録されていることによってもたしかめることができる。封建支配に対する農民の反抗や騒動が、〝太平記〟の名によって記されるというそのこと自体が、『太平記』の性格を示して

いるのである。それは一つには、明らかにその筆者の立場が『太平記』のかの傍観的態度に通ずる場合があったことと無関係ではないが、他方、『太平記』のもつ、かの「不敵」あるいは「不思議」という変革的・叛逆的モチーフを継承していることは疑いないのである。たとえば、

……百姓心を一にして恨を国中在役人にふくみ、何方となく張本人七八人出来りけり。悪道ニは傾安き世の習、既に五六百人催し……

……是によって百姓中大きに立腹し、然は是を事之始として大庄屋中壱人も残らず打潰し、銘々も百姓ながら鎌にても腹を切り此世の妄執をはらさんと、張本かしつ《ら》鉄の麾を上げれば、一同に棒鎌鳶口熊手に（て）半時ばかりに大庄屋を打潰しかとに草屋（市郎右衛門）と聞へけり（『因伯民乱太平記』）。

問題はその素材が叛逆的なことでなく、『太平記』の叛逆的モチーフを意識的に継承していることである。そして私たちにとっては、『太平記』が徳川封建社会の〝戦陣訓〟であったこと（これは前節にのべた第二次の形に因るものである）よりも、反対にそれへの叛逆にさいして連想されたことにより大きな意義を感じざるをえないのである。なお、ついでにいえば、御家騒動の「錦絵護国太平記」やジャーナリズムの「新聞太平記」「政界太平記」などという類は、前節の第三次的な形の堕落したてんやわんやの側面を継承した用法

であって、民衆の変革的・叛逆的なものへの期待を右往左往する低俗なものへの興味にそらす手法であるとみられるのである。

『太平記』の変革的・叛逆的な精神は、粗雑ながらも以上みてきたような形で継受されてゆくとおもわれるが、さらになおのこる問題は、このような変革的・叛逆的なものが、中世文学全体のなかで様式的にどういう位置を占めるかということである。私はこの問題を劇文学という異なったジャンルの場合と対比させながら考えてみたいとおもう。

劇を引き合いに出す理由は、それが、そもそも『太平記』のような変革的・叛逆的モチーフが本来戦記文学という叙事文学の形によって本当に正しく発展させうるかどうかという問題ともからむからである。もともとこういうモチーフは、事件の展開そのものによって叙事的に表現される性質のものでなく、むしろ人間の「性格」の表現にかかわる性質のものである。そして、こう考えるとき、この「性格」に対応する形態として浮かび上ってくるのは、当然伝記あるいは劇でなければならない。さて伝記にふさわしいことは自明であろうからしばらくおく。劇についていえば、「劇の中心は性格である。……すなわち〝激情〟と性格の内面的モチーフが衝突と闘争をひきおこすのである。したがってここでは実践的な情熱が主要なものであって、その情熱は行動によって外界の状況や生起するさまざまな事件から〝叙事詩的な独立性〟をうばうのが、劇の特質である」（石母田正「古代貴族の英雄時代」）ということが正しいとすれば、『太平記』の叛逆的なモチーフはまさにこの「性格」の問題であったのである。もとより『太平記』の作者は、自己のモチーフについてこのように自覚していたわけではない。だからこそ前節にのべたようなさまざまの混迷も示したのであり、戦記文学として欠陥を指摘されることにもなるのである。だがひとたび性格――劇という観点が明瞭となるやいなや、私たちにすぐ連想されるのは狂言である。そしてこの狂言がどういうモチーフのものであるかについても、いまさらのべるまでもない。民衆は叛逆的な「性格」を『太平記』の混乱をよそに、狂言によって成功的に表現し、そこで「おかしみ」という文学的様式をつくり上げていたのである（永積安明「日本の古典劇・狂言」）。『太平記』と並行して狂言が成立し、またさらに『太平記』が先述のように『義経記』『太閤記』などの伝記に継承されてゆくのは、以上のような関連にもとづくものとおもわれる。

この時代の劇として狂言を取り上げた以上、これとともに当然、能が考慮されねばならない。が、これについてもここで詳論するわけにはゆかないが、観阿弥の作風が「一般に劇的構成のものが顕著」であり、次代の世阿弥の作風が「情緒主義的」であるといわれ、また、かくて大成された能が劇的なものを情緒主義的に完成したところの、「叙述表現」を不可欠とする一種の「劇詩」であるといわれる（生島遼一「日本の古典劇・能」）。つまり、当時の劇において、すでにしばしば説かれたように武士と民衆との階級的対立を基礎にして、詩的な「幽玄」を本質とする能と、劇的な「おかしみ」を本質とする狂言とが成立しているわけであるが、ここで大切なのは、詩的な「幽玄」と劇的な「おかしみ」との対立の意味するものである。

西尾実氏は、和歌から能へと発展する「幽玄」、さらに「わび」「さび」という美の様式の発展系列に中世的なものの頂点をみられ、そこに公家的・京都的な古典美と、庶民的・地方的な新興美との相互媒介的な構造による中世的美の統一を見出されるが（『日本文芸史における中世的なもの』）、以上の点からみたとき果たしてどうであろうか。能と狂言との対立だけから考えると誠にそのようにもみえるが、しかし、これは狂言に特有の位置、つまり能に従属的なものとしての歩みによるのであって、『太平記』『義経記』『太閤記』など庶民的・叛逆的・「劇」的なものの系列において追究するときは、別のことがはっきりしてくる。すなわち、幽玄――わび――さびという美の様式は一応中世的な美の頂点ではあるが、しかし、どこまでも貴族と封建支配者の立場での頂点であり統一であって、『太平記』の「不敵」「不思議」や狂言の「おかしみ」をはじめとする一連の系列は、幽玄＝さびに統一しきれない独自なかつ対立的なものとして存在していたのである。もとより後者が、文学的に「洗練」されておらず「価値」に乏しいとみることもできるかもしれない。

だが、それは決して幽玄＝さびとして完成されるのでなく、民衆の期待する「性格」の形象化として絶えず生み出され、封建社会を貫流する必然性をもっていたのである。それはもはや『平家物語』のような叙事文学的英雄の形では表現できない、封建社会の階級対立が新たに深化した段階の、歴史の流れという意味の変革でなく個性化された叛逆という形の変革を表わす——そういう形象化なのである。そして、『徒然草』が幽玄——わび——さびという「中世的なもの」の展開に画期的な位置を占めているという見解は、西尾氏の卓見であるが、それとの対比においていえば、『太平記』こそ不思議・不敵・おかしみを描く変革的叛逆的文学の展開に画期的な位置を占めているのだといえよう。

以上、きわめて粗雑な考察のままに、『太平記』を中心にいろいろのべてきたが、要は中世の民衆の期待がいかなる文学的表現をもとめていたかということである。中世の民衆文芸の理解にわずかでも本章が寄与するところあれば幸いである。

Ⅲ

楠木正成の死

一

南北朝内乱のなかで死んだ者は無数にあり、また天皇方について討ち死にした武士としてその名を知られている人物も多いが、楠木正成ほど有名な者はあるまい。この正成が有名になった理由を分析すれば、いろんな要素を列挙できるとおもうが、最後の死にようを指摘することによってその理由は完璧なものとなる。すなわちある種の「悲劇的な死を遂げた」ことによって、正成は他のいかなる人物の追随をも許さない「名声」をとどめることになったのである。

そんな「名声」などは、天皇中心主義の歴史観にもとづくものであり、封建的な忠節を重んじる道徳思想にすぎない、といってしまえば、その通りである。そういう歴史観や道徳思想は明白に過去のものであり、今後どうみてもそのままで通用するとはおもえない。では、楠木正成は、もう歴史から忘れられてよい人物なのか。そうはいかない。正成はやはり南北朝動乱期の一こまを担った人物であり、時代の代表的人物である。その彼が、ともかくも「悲劇的な死を遂げた」のは事実であり、その死はそれなりに、日本の歴史の一道程としても、個人の生き方としても、かなり重要な興味ある問題を含んでいるといわねばならないのである。

正成は一生天皇への忠節を貫いて死んだとされる。けれども彼が歴史の表舞台に登場してから死を迎えるまでの年月は、満五カ年にもみたぬ短いものであって、それ以前の、つまり彼の生涯の大部分の期間については生まれた年も素姓も行動もたしかなことはまるきりわからない。激動期のしかも大勢の赴くところに合致しなかった人物にありがちなことだが、彗星のごとくに現われて天下の注目をあつめながら、やがて沸騰する歴史の奔流とともに消え去ったのである。

正成が表舞台に登場する以前の消え去った経歴については、いろいろな断片的な事実から、つぎのようなことが推測されている。

正成は、河内の金剛山の西麓あたりの土豪的武士の家に生まれた。彼には摂・河・泉一帯に一族や親類もあり、他の土豪とも種々の連携があった。

また、正成は身分上鎌倉幕府の御家人であったかと推測されるふしがある。そして、おそらく荘園の地頭または下司・公文などの荘官であっただろう。

地頭・御家人または荘官であったならば、当時のたてまえからすれば、鎌倉幕府に忠実であるとか荘園領主の意を受けて農民を支配するとかが当然なあり方であるが、実際はそうともいえなかったようである。正成の父または一族でないかとみられる「河内楠入道」といわれる者が、永仁二年（一二九四）東大寺領の播磨国大部荘へ乱入した「悪党」の一味に加わっていたという事実が知られている。鎌倉末期には、全国各地とりわけ畿内地方では「悪党」の反抗といわれる争乱が相次いで起こったのがきわだった特色であるが、当時「悪党」といわれたのはただの山賊・強盗・放火・略奪などの悪行人ばかりでない。むしろ荘園領主や守護に叛逆してそのような狼藉をはたらく武士や悪僧であり、そのなかにはもちろん幕府御家人や地頭も含まれていた。彼らは一族や近辺の同類の者と連携して互いにかくまい合い、守護使が討伐に向かっても神出鬼没のゲリラ戦を展開してしかもその勢力は年月とともにむしろ増大し、やがて幕府および荘園領主の支配秩序をズタズタにしていったのである。そして、むかしから赤坂・千早の合戦などで有名な「知謀にたけた」正成の戦術といわれるものの特質も、実にこのような「悪党」のゲリラ戦の特質に通ずるものがあった。

正成がこのように「悪党」的傾向の濃厚な畿内の土豪的武士のひとりであったとすれば、正成がおかれていた社会的ないし政治的志向もまた、われわれはおおよそ推しはかることができる。

二

きわめてはっきりしていることは、彼ら畿内の土豪的武士は、ひたすら素朴に武勇を重んじ主君のために命をすてたとされるいわゆる鎌倉武士とは、かなり趣を異にするという点である。関東の武士は、公家・大寺社などの荘園領主の勢力が直接近辺に及ばず、ことに後進的な経済状況のため農民は自立性に弱く領主に苛酷な条件で隷属していたので、武士たちは領主としてそれぞれの本拠の村落を強力に支配していた。ところが、畿内ではこれとまったく逆で農民の自立性が強く、商工業も比較的発達していたので、農民は武士による暴力的な支配を忌避する態度が著しく、荘園の名主や座商人として活動するためにむしろ公家・大寺社の権威にたよる傾向があった。農村に武士が発生し現地で下級の領主（在地領主）として農民支配を樹立しようとしたことではどこまでも同じであるが、畿内ではそれが封建的秩序の中核とならず、農民の顕著な自立性のために武士＝在地領主の支配は伸びなやんだ。

　農民ばかりでなく公家や大寺社の権威や支配力も、畿内では強力であった。そこで畿内では武士身分の出身の者でも幕府の御家人になる者が比較的少なく公家の侍や荘官または大寺社へはいって衆徒・神人になる者がかなり多かった。武士といえば一概に幕府に統率されていたとおもわれがちだが、畿内では東国の「武家」つまり幕府に疎遠なもしくは反「武家」的な武士が、多かったのである。

　さて、もともとそういう状態であるところへ、鎌倉末期になって、農民や商工業者の自立的活動がいちだんと活発になって土豪的武士への抵抗がはげしくなり、また公家・寺社または幕府との伝統的恩情的な従属関係も弛緩してきた。そこで当然武士たちの立場は不安定さをいっそう増すとともに、反面に自由な飛躍を待望する鬱勃たる気運が兆してきた。そしてそのためのあせりや暴発や混乱が、「悪党」の続出となって現われてきたのである。

　それでは、彼ら土豪的武士が待望したものは何であっただろうか。それは不人気な幕府や、武士を引き立ててくれない公家・大寺社に代わって、それを超越した強力な最高の権威＝王権が出現して、彼らの不安定な領主権を保証しさらに拡張してくれることであった。もっとも、こういう期待をもって右往左往する運命は、まもなく全国すべての武士をとらえるようになるのだが、畿内ではことにそういう動揺がはやくから現われ、しかも幕府に疎遠であったためにそれを武家の名門に待望する気運が乏しかったのである。

三

このような特質は、実はそのまま、正成が後醍醐の味方として挙兵した理由の大きな部分をなすものと考えられる。そのころの政治構造や常識からすれば、後醍醐は天皇といっても至上の超越的統治者というよりは、大覚寺統・持明院統のいく人もの上皇・天皇・皇太子や摂関家・西園寺家などの公卿や北条氏その他の名門の武家などあまたの権勢者のうちの一人であり、ただそのなかでもなかなか意欲的な人物として将来を注目される存在であったのである。「武士も含めた全領主階級を統一する王権の樹立」というだれかが果たすべき期待を、天皇という地位をよりどころに北条氏に代わってやりとげることが、後醍醐に期待されていたといえる。多くの土豪的武士と同じく、正成もまたそう考えていたにちがいない。

正成はそうした理由から、後醍醐の来るべき新政治に自己の社会的政治的運命を賭けた。ただしそれは、彼が畿内の土豪的武士一般の鬱勃たる悪党的低迷状態の線にとどまることなく、卓越した情勢判断や作戦能力をもっていたことによって、踏み切られたものであった。そのことは、後醍醐の笠置挙兵があえなく壊滅して「主上御謀叛」が片づいたかにみえた段階で赤坂に挙兵し、大軍を相手に千早城（金剛山）に立て籠って戦い通したことで、はっきり証明されよう。六波羅探題を滅ぼし、鎌倉を陥落させるなど決定的な功績は足利尊氏・新田義貞らによってなされたが、政治的・社会的情勢全般を転回させる作戦は、たしかに正成によって主導されたともいえるのである。その意味で彼は、平凡な畿内の土豪的武士ではなく、政治的行動においてきわだった一典型であった。

さてこうして正成が賭けた後醍醐の新政権は、まず第一段階の北条氏＝鎌倉幕府を倒すことに成功して、ともかくも成立した。だが、周知のように、つぎの段階の最大課題たる新しい権力組織の形成には、失敗してしまった。後醍醐は天下の公家・寺社・武士のすべて、つまり全領主階級を統一的・集中的に王権のもとに組織しようとした点で、形だけは土豪的武士らの期待にそうかにみえたが、公家・寺社の利益を優先させて、武士たちの所領獲得や安堵の欲望を軽視した。幻滅を味わった武士たちの心は、だからみるみるうちに天皇から離反していった。建武の新政権が瓦解するにいたる経過は、上層部の内部対立や政務処理の拙劣さや齟齬などいろいろ複雑であるが、武士を権力の最重要な基盤として組織できなかった――それどころか走狗として従属させるためにだけ直接掌握しようとした――点に、あえなく瓦解する最大の理由があった。

ところが、そういう状況のなかで正成とほかごく少数の土豪的武士だけは、異なった立場にあった。正成は、赤坂・千早での絶大な勲功によって、名も知られなかった土豪から一躍摂・河・泉という枢要の地の国守または守護となり、雑訴決断所の寄人にも任命された。新政権のなかで彼よりも上位の処遇を受けたものは、むろん幾人もあるが、それは天皇側近の公家や護良親王・足利尊氏・新田義貞などで、正成とは身分も家格もはじめから異なっている。同じ武士でも尊氏や義貞は、挙兵のいきさつからみても土豪的武士が味わっていた社会的不安定や動揺からではなく、北条氏に代わる権力者たらんとして参加してきたのである。建武年間正成が、名和長年（伯耆守《ほうき》）・結城《ゆうき》宗広・千種《ちぐさ》忠顕などとともに世間から「三木一草」とそねまれたのは、この四人が尊氏などとちがい出自からみて異例というべき栄達をしたからにほかならぬ。

ところで、こうして特別の栄達をしてしまったとき、もはや正成はただの土豪的武士でなくなっており、そういう武士に通有の自由な政治的な身の振り方をする立場を失っていたのである。新政権がみるまに瓦解の色を濃くしていたときであったにかかわらず、栄達したことが天皇の政府に拘泥せざるをえない宿命をもたらしたのである。「三木一草」のだれもが共通して天皇方として果てたことをみても、そうしたいきがかりは傍から考える以上にひどくひとを拘束するものであるらしい。

さらに正成のばあい、その上に、彼が生涯をすごしてきた畿内の反幕府政治的な傾向や、節を変えないことを美徳とする武士の道徳、さらにはもしかすれば当時流行しはじめた宋学の大義名文論的思想さえも加わって、いよいよ天皇の政権に固執することを決定づけたものとおもわれる。だがひるがえって考えてみれば、彼がもともと北条氏に叛逆して天皇の挙兵に応じた根本の動機であるところの強力な統一王権の実現を期待するためには、必ずしも後醍醐天皇への期待にのみこだわらなくてもよかったはずなのである。事実、当時大部分の土豪的武士は、その候補者とみられる後醍醐天皇・護良親王・足利尊氏・新田義貞等々に、つぎつぎにその期待を移しあるいは選択に迷って右往左往を重ねていたのである。

四

しからば正成は、ただ殊遇の栄達と個人的な信念にひきずられて、あとの見通しもなしに盲目的に天皇への忠誠の姿勢をつづけたのであろうか。

「三木一草」のうちの他の者はともかくとして、少なくとも正成はそれほど凡庸ではなかった。彼には、新政権の挫折直後にもまだ努力を試みてみる若干の可能性がみえていたようである。建武二年（一三三五）十一月尊氏が鎌倉で叛旗をひるがえし、十二月新田義貞の軍を箱根竹ノ下で破ってそのまま義貞軍を追って翌年一月京都へ進入したとき、正成は京都を一応退避して周辺からゲリラ戦で包囲する作戦をとった。元弘の合戦で、優勢な大軍との正面作戦をさけて「悪党」の抵抗さながらにゲリラ戦で敵を切り崩し情勢の好転を待ったその戦略を、再度試みたのである。そしてこのときは、型通り、陸奥から北畠顕家の軍が尊氏軍のあとを追撃してきたので、ゲリラ戦の包囲で補給に苦しんでいた尊氏軍はまもなく京都から撃退された。そして翌二月摂津の豊島河原で大敗して九州へ走った。

正成の見通しは、いったんはこうして適中した。けれども、もうそのときから新たな抗しえざるほどの困難が、正成にはみえてきたのである。それを『梅松論』は、つぎのように伝えている。

尊氏らが九州へ落ちのびたよし京都へ伝わると、天皇や公卿らはすっかり安心して喜んだが、そのとき正成は、「義貞を誅伐して尊氏を召し返され、君臣和睦されたい。使者は正成が務めましょう」と奏聞した。おかしなことというものだと人びとはあざけったが、正成はさらに「天皇が北条氏を滅ぼされたのは尊氏の功によるものです。義貞に鎌倉攻略の手柄があるのは事実ですが、天下の武士たちはことごとく尊氏についています。その証拠に、いま敗北した尊氏に京都にいた武士たちまでが従っていき、勝った天皇方を捨てました。これをもってみても天皇側に人望のないことがわかるでしょう。よくよく事の核心を考えてみると、尊氏らは九州の支配を手に入れて遠からず京都へ攻め上るでしょうが、そのときは防戦のすべもありますまい。朝廷のことには知慮がありませんが、武略の道については正成の申すことに間違いないことはすぐにもわかるでしょう」と涙を流した。誠に正成は先々の事態までも見抜いた勇士であったとおもわれる。

『梅松論』は足利方の者の著作であるだけに、この記事の真実性については慎重に考慮する必要はあるが、「義貞を追放して尊氏と和睦せよ」と正成が主張したことは、充分にありえたこととみられる。尊氏は後醍醐と是が非でも対決することを考えてはいなかったし、正成もそれを知っており、そして天下の武士の動きをみて、尊氏への一定の譲歩・妥協を考えたのである。これが正成の「強力な統一的王権」の理想実現への最後の意見であった。

しかしそれは、だれにも容れられなかった。やがて尊氏は九州を討ち平げて、四月、弟直義とともに海陸両軍をもって山陽道を東上してきた。迎撃のために尼崎へ出陣した正成は、そこから京都へつぎのように申し送った。

今度は天皇方は必ず敗北するでしょう。人心の動きからそれを推量しますに、去る元弘元年ひそかに勅命を受けて金剛山に立て籠ったときは、私個人の計らいで国中の人の支持にたよって成功しました。これからわかることは、これは当時人びとが天皇に期待をもっていたからであるということです。しかるにこのたびは正成は和泉・河内両国の守護として勅命を受けて軍勢をあつめましたが、親類・一族でさえなお出陣を渋る気配がありました。まして一般住民はいうまでもありません。これはつまり、天下の人心が天皇に背いてしまった証拠でしょう。かくなる上は、もはや正成が生きのびる意味がありません。ただ、戦場で命を捨てる決意であります。

正成はこう断言した、とこれも『梅松論』が伝えている。そしてその言葉通り、湊川で激戦のすえに自害したとし、「誠に賢才武略の勇士とは、かような者をいうのだと、敵も味方も正成を借しまぬ者はなかった」と記している。

正成は、後醍醐の政権が人心からまったく孤立してしまったことを、はっきりみてとっていた。そしてそれは、正成が最後の可能性まで追求した「天皇中心の統一王権」という理想が破綻したことを自ら確認したことにほかならない。しかも彼は建武以来の栄達によってもはや平凡な土豪的武士としての去就の自由を失ってしまっていたから、すでに引き返すすべもない孤立に陥っていたのであり、また金剛山以来の面目にかけてもいまさら敵方の「武家」に屈服して生きながらえることを潔しとしなかった。延元元・建武三年（一三三六）五月二十五日、正成は湊川でわずか数百の軍兵をもって尊氏の大軍と戦い、最後に弟正季ほか一族五十余人とともに自害して果てた。

五

正成が、最後まで情勢の見通しを彼なりにはっきりもっていたとみられていたことは、『太平記』も、世の行く末を子の正行にさとしたという「桜井の駅の別れ」の物語によって、正成の討ち死にの決意を叙述していることからもわかる。それが当時の世上一般の正成についての定評であったのであろう。『太平記』は、正成の湊川の討ち死にを記したあとで、つぎのような正成についての全体的な批評の言葉をのせている。

抑《そもそも》、元弘以来、忝《かたじけな》クモ此君（後醍醐）ニ憑《たのま》レ奉テ、忠ヲ致シ功ニ誇ル輩《やから》、幾千万ノ人カナ。然レドモ又此乱（尊氏の反乱）出デ来テ後、仁ヲ知ラヌ者ハ朝恩ヲ棄テテ忽《たちまち》ニ敵ニ属シ、勇ヲ得ザル輩ハ苟《かりそめ》ニ死ヲ遁《のがれ》ムトテ還《かえっ》テ刑戮《けいりく》ニ遭《あ》フ。知ナキ者ハ時ノ変ヲ弁《わきま》ヘズシテ自《みずか》ラ迷ヒ進ミ退クトコロニ、知仁勇ノ三徳ヲ兼ネテ、死ヲ善道ニ守リ、功ヲ天朝ニホドコス事ハ、古ヨリ今ニ至ツテ正成ホドノ者ハ未ダアラズ。就中《なかんずく》、国ノ興廃、時ノ機分ヲカネテハカリ、遁レヌベキトコロヲ遁レズシテ、兄弟トモニ失《うせ》ケルコソ、誠ニ王威武徳ヲ傾クベキ端ナレト、眉《まゆ》ヲ顰《ひそめ》ヌ人ハ無カリケリ。

ここで『太平記』が指摘しているのは、つぎの三点である。

(1) 正成は大部分の者と異なり知仁勇を兼ね備え、死ぬまで後醍醐への忠節を守り功を立てた点で、比類ない人物である。

(2) その正成が、政情の動向を予見して、遁れ得るところも遁れずに自害した。

(3) これは、やがて彼が（怨霊となって）天皇の権威も武家の徳も失墜させてしまう端緒となった（『太平記』には、このあとで正成が怨霊になって天下を傾ける話がある）。

ところで、右に引用したのは『太平記』の古写本のなかでも比較的原本に近い形をのこしているとされる西源院本の文章なのだが、後世一般に読まれた流布本によると、(2)の指摘がなく、また(3)にあたるところは、

兄弟トモニ自害シケルコソ、聖主（後醍醐）再ビ国ヲ失ヒテ、逆臣横《よこしま》ニ威ヲ振フベキ其ノ前表ノ験《しるし》ナレ。

となっていて、「正成の死は後醍醐が統治権を失って逆臣（尊氏）が勢力を張る前兆であった」という意味に、置きかえられている。聖なる天皇政治の時代から逆臣のはびこる時代への転換が、正成の死に暗示されているというのである。流布本は忠君愛国的な教訓調に単純化されており、これがかつての「忠臣正成」像の公式になったのだが、西源院本は

中世風の神秘主義的な物語の趣向のなかに、正成が動乱の運命を見通していたことを強調している。『梅松論』の記述とも符合していて、注目されるところである。正成が、天皇へのただ盲目的、狂信的な忠誠心ではなく、自己の運命を冷徹に自覚して死んだであろうことは、たしかであろう。

正成の死は、幕府政治という形での封建秩序になじめず、とかく反抗的でさえあった畿内・近畿の土豪的武士の宿命を象徴するものであった。そこには、東国にみられるような武士の粗野な農民支配をうけつけまいとする畿内に伝統的な自立性たかい農民の抵抗が、幾重にも屈折した形で反映されている。もっと正しくいえば、正成は下からの抵抗があるために幕府政治の再現に反発的にならざるをえなかったのであるが、彼はただの土豪的武士や「悪党」「悪僧」などとは異なる傑出した能力と地位をもったために、厳しい悲劇的な死への途をたどらねばならなかったのである。

しかし、土豪的武士はこのあともいろんな形で尊氏の権力への反発を示して半世紀にわたる動乱をつづけ、畿内の農民はやがてそれよりもいっそう熾烈な抵抗を開始して土一揆の時代を展開していったのである。

歴史への悪党の登場

一

「諸国どこでも同じことですが、この播磨《はりま》国はことに悪党の跳梁《ちょうりょう》がはげしいようです。いったいいつごろからこうもはびこるようになったのですか」

「昔も所領の争いで二、三やかましい紛争はありましたが、それほど無法なことはなかったようです。ところが正安《しょうあん》・乾元《かんげん》（一二九九―一三〇三）のころから耳目にあまるほど悪党の話がきこえてくるようになって、各所で濫妨《らんぼう》があり、浦々には海賊が、山々には山賊が横行し、寄取《よせとり》（襲撃）や強盗が相次ぎ、いくら追い払ってもきりがないというありさまになりました。

そのころの悪党というのはまことに異類異形《いるいいぎょう》、とても人間ともおもわれぬ姿でした。柿《かき》帷《かたびら》（柿色の単衣《ひとえ》）に六方笠《ろっぽうがさ》（女の日傘）をつけ、烏帽子《えぼし》や袴《はかま》をつけず、人に顔をみせないようにこそこそ忍び歩き、矢の数も不揃いな竹矢籠《たかしこ》（竹の筒に矢を入れて背に負う道具）を負い、柄《つか》も鞘《さや》も剝げた太刀をつけ、竹長柄《たけながえ》（竹の長い柄をつけた武具）や撮棒《さいぼう》（堅い木の先の尖った棒）の杖をもつだけで、鎧《よろい》や腹巻《はらまき》などのようなまともな兵具はとてももちあわせていないという奇妙な姿でした。

さてこういう異形の者どもが、十人、二十人と党を組んで、どこかに合戦でもあれば加勢に出かけたものです。ところが城に味方して立て籠《こ》もるかとみれば、やがて寄手に加わって攻撃にまわる、むしろ敵を引き入れたり裏切ったりばかりしていて、加勢のときの誓約を守るなどということはめったにない。そして平生は博奕《ばくち》を好み、こそ泥を仕事にしていたものです。もちろん幕府からはいつも取り締りの命令が出され、守護もたびたび禁圧の手段を講じていました。だが、悪党はそれにもかかわらず日ましにふえていったのです。正中《しょうちゅう》・嘉暦《かりゃく》のころ（一三二四―二九）になると、悪党の行動は以前よりはるかに目立ち、世間を驚かすばかりになりました。立派な馬に乗りつらねて五十騎、百騎と打ちつづき、それに引馬（乗り換え用の馬）・唐櫃《からびつ》・弓箭なども充分用意し、兵具の類には金銀をちりばめ、鎧・腹巻も照り輝くほどのものでした。

さて彼らは、そういう勢力で各所へ出かけ、論所《ろんしょ》（相論の対象になっている所領）でもないのにもとのもち主の味方だといって所々を押領しました。そして党を結び、一味の契約をした者どもが城を攻め落としたり城をかまえたりしました。それも勝手に由緒のある塀をつくり、矢倉《やぐら》をたて、走木《はしりぎ》（高所から木をすべらせて敵を倒す装置）をつかい、石礫《いしつぶて》を飛ばし、勢楼《せいろう》（望楼）をたて、屛風楯《びょうぶだて》・箱楯《はこだて》をならべて、そのうえ竹を敷き皮をのべ、という具合に、種々万端の支度をかまえたものです。

こういう者どもが、但馬《たじま》・丹波《たんば》・因幡《いなば》・伯耆《ほうき》などの隣国からも多数やってきたのですが、彼らは合戦に加担するについて、前々から賄賂で約束してあったのを「山コシ」といい、当座に委嘱したのを「契約」といって、こういう加担をして歩くことを恥じたり人目を憚《はばか》ったりするようすなど全然なかったのです。そして、「武士というものは腹切《はらぎり》仲間だから、われわれにしても恥ということぐらいは知らぬではないが、戦の場ではまた別だ」などと豪語する始末で、そのため警固の守護も彼らの威勢に恐れをなし、追討に向かう武士もかえって憚るありさまでした。そんなわけで、追捕・狼藉・刈田・刈畠・打入・奪取なども相次ぎ、はてはのこる荘園もあるまいとおもわれるほどになっていったのです。たしかに幕府当局の下知にはそれほどの汚れもなかったのですが、賄賂や猛威のために、末端の者が御下知を守らなくても責任を問われることがなかったので、御教書がいくら出されてもなんの効果もなかったわけです。こうして、やがては国中の上下過半の者が彼ら悪党にひいきするようになり、廉直《れんちょく》の才士や神妙な人たちがかえって耳目を閉じて日を送るうちに、はたして元弘《げんこう》の大事件が起こってしまったのです。いわば、こういう悪党の跳梁も幕府の過失によるものでしょう」

――『峰相記』――

二

「悪党」とは、なにか。

試みに『広辞苑』（第二版）で、「あくとう〔悪党〕」の項をひいてみると、

①わるものの集団。転じて、わるもの。悪漢。②（中世語）荘園内の反領主的荘民。

とある。このうち①は、本来の語義や転用の意味をのべたもので、さして問題はないが、②に中世語としての意味がとくに掲げられていることに、注目していただきたい。この「荘園内の反領主的荘民」という説明は、厳密に詮議すればいささか正確さに欠けると私はおもうが、その理由は追い追いにのべることでわかっていただくとして、ともかくこんなふうに、悪党という語の中世的用法が一般向きの辞典に載るまでになったのは、戦後の中世史研究の蓄積があるからだとみてよかろう。現にたとえば、むかしの『大言海』では「ワルモノノナカマ。悪徒。」とあるだけである。

悪党という言葉は、山賊・海賊・強盗・ならず者などを指す意味では、中世以前からもおりおりに用いられているが、中世もことに南北朝動乱の前夜、十四世紀のごくはじめあたりからは、文献の上に目立って現われてくる。それも、用例が多いというだけでなく、ともかくも悪党と呼ばれた穏やかならぬ分子が事実として大量に発生したのである。十四世紀は、いわば悪党の世紀であった。

ところで、そのころ悪党と呼ばれたのは、単純に「わるもの」というだけではなく、はなはだ複雑な内容の者どもであった。第一に、山賊・海賊・強盗・火つけ・人殺しの類《たぐい》がある。しかし、これはとくに説明がなくてもわかる。

第二がいささか問題で、荘園領主や幕府の命令に従わず、むしろ敵対し、住民に対しても略奪・人殺しなど乱暴狼藉をはたらく（と、ことに領主や幕府がいう）者どもであって、これには、地頭・御家人など立派な武士がそういわれたこともあれば、荘園の代官や僧侶・神人・名主などがいわれたこともあり、農民や流れ者なども加わっていた。彼らはたいてい血縁・地縁をたよりに集団をつくり、あるいは裏面で連携しており、荘園内の館を本拠にして他所へ押し寄せたり、山間の城塞を根城にゲリラ的な出没を繰り返したりした。社会秩序を乱し、物質を略奪し、罪のない住民や旅人を殺害するという点で、第一の場合と共通するので、たしかに「悪党」であるが、権力に反抗するという点が（あるいは反権力的だというだけでも悪党だといわれた点が）特徴である。

第三の類は、溢者《あぶれもの》・浪人などである。この居所不定で社会秩序から脱落した者どもは、悪いことさえしなければ悪党ではないはずだが、どうせこそ泥・不埒・不穏の分子であり、無頼の徒にきまっている、というわけで、悪党の仲間とみなされたし、現に加わってもいた。

第四は、合戦のときに現われる野伏・足軽などの集団である。野伏・足軽というのは、もともと戦場での行動や服装を指す呼び方なのだが、要するに重装備の騎馬武者でなく軽装の歩兵のことである。ところが、その野伏・足軽として、当時しばしば、群盗や溢者や農民が傭兵として銭勘定によって動員されたり、約束がなくても勝手に味方して金品を強要したり、武具などの略奪を目当てに参戦したりしたので、野伏・足軽の集団といえば悪党の類と大差ないことが多かったのである。なお野伏・足軽でなくても第二の類の武士団が傭兵軍として参戦し、狼藉をはたらくこともいくらもあった。

そんなわけで、十四世紀つまり鎌倉末期から南北朝動乱期にかけて、いろんな形態での悪党といわれるものが現われ、それが次第に白昼堂々と横行するようになり、半世紀以上に及ぶ内乱の合戦となったのである。実に十四世紀は、「悪党の時代」であったともいえるのである。

三

ただの盗賊やわるものは、石川五右衛門のいいぐさではないけれども、いつの時代にも尽きるともみえぬが、「悪党」が大量に発生し一世を風靡して一時代を特色づけるのは、――ちょっと不謹慎ないい方だが――一種の壮観である。そして悪党は、十四世紀の社会と政治と文化を特色づける立役者として歴史に登場し、かつ歴史に転換をもたらし、後世に人間の生き方と心意気に関する〝精神的遺産〟をのこした。

この悪党の時代は、平安時代以来三、四百年にわたって続いてきた荘園制の社会――天皇家や公家や寺社などが「権門勢家」として最高の領主になり、武士はその荘園の役人であった――が崩壊しはじめた時代であった。いままでまるで無権利で、家屋敷や田畠をもつことを認められていなかった多数の農民が、自立的な地位を要求して生産活動でも社会生活でも活発な動きをみせるようになったし、武士たちは武士たちで、公家や寺社や将軍の下で役人や用心棒の地位に甘んじようとしなくなっていた。こういう傾向は、経済的にも文化的にも先進地帯であった近畿や西日本にとくに顕著だったが、実は悪党の発生はこういう先進地帯にとくに目立つのであって、そのことから悪党はこの社会変動とは切っても切れない関係にあったものとみなされているのである。

だから悪党は、ただの盗賊やわるものではなく、反権力・反体制・反秩序の徒であった。盗賊やわるものも、反秩序ということでは所詮は反体制・反権力といえないことはないが、いわゆる悪党は意図的・意識的に反権力的であった。彼らは荘園の年貢を納めないどころか、政所や倉庫を襲撃して年貢や物資を略奪し、人を殺傷し、放火し、討伐軍が来れば逃げ隠れ、大体はゲリラ的戦法を繰り返していた。なかには残忍で、住民をいためる背徳的な行動もかなりあったというが、そうこうするうちに荘園の支配秩序も鎌倉幕府の軍事統制も、まるでマヒ状態になっていったのである。

悪党のやったことは、いわば革命的観点から歴史をみるにしても、いちがいに賞賛できるようなものではない。が、その行動には、一種独特のおもしろさというか小気味よさというか、ともかく当時も権力・体制・秩序の護持でない立場からは、大目にみられてなにがしかの期待さえもいだかれた特色があった。彼らのいで立ちは、とかく道具立ても不揃いで奇妙な混成の隊伍であったりはするが、その破目をはずした大仰な身なりがまた小意気であったり、いいぐさが不敵だったりして、それがちょっと痛快でもあった。運悪く自分が被害を受けた者は憎しみののしるが、でなければ悪党の神出鬼没のゲリラ行動は、ときに民衆のかっさいを博したようである（その状況については、楠木正成の千早城合戦の話などを想像されたい）。古代以来、神仏や天皇・貴族の権威、将軍の威儀に畏怖して鬱勃たるままに閉ざされていた人びとの精神が、ここで解放されなければならぬ段階にきていたが、悪党の行動にはその解放を触発する一面があった。悪党は、正義や愛や清潔や真理を掲げたのでなくむしろそれにどんでん返しをくらわせ、また、反体制とか叛逆とか怨念とかの言葉に自己陶酔したりせず、さばさばと「悪事」をやってのけたが、それがかえって、宗教や道徳で神秘的に彩られていた支配者の権威をおそれ信奉していた当時の人びとに、権威のきずなからの解放をうながしたとみられるのである。

四

さて、われらが悪党は、以上のようなわけで、ただのわるものではなく、秩序を乱し権威にさからう不逞のやからという意味で権力者側からもそして一般通用語としても悪党と呼ばれたのであるが、すでにそこに表面に出ない特別の意味あいがその「悪」のなかに期待されていたふしがあった。

その微妙な意味あいを表現した一つの影が、当時やたらと流行した〝天狗〟の話でなかろうかと、私はおもう。天狗は日本の民間信仰ないし民話の産物で、古くから文献に散見するが、この十四世紀にはずいぶん流行し、『天狗草紙』『是害房絵詞』などの絵巻物もつくられたし、『太平記』にも天狗の話がよく出るのである。当時の天狗は、今日の赤ら顔で高い鼻、やつでの葉のうちわをもった天狗でなく、羽の生えたトビが山伏の姿をしたかっこうで、高慢で悪心をいだき魔力でもって世を乱そうと執念をもやし、人の目にみえぬように出没していると考えられていた。天狗の奇抜な話やそのいわれを説いたものはいろいろあるが、要するにそれは高慢・我執が昂じた悪魔である。ところが天狗が、不敵・不思議・奇怪なやり方で世を騒がせひっくり返すについて、それは世のなかがおかしくなっていることにそもそもの問題があると、多少「世直し」待望の気分を伴い、また漂逸で軽妙また痛快で、どこかおどけたところもあった。『天狗草紙』では、京都・奈良の諸大寺の悪僧はみんな天狗に見立てられているし、『太平記』では後鳥羽上皇・後醍醐天皇・楠木正成など歴史の流れを騒がせた人物は死後にみんな大天狗または魔王・怨霊となり、いくたの小天狗どもを従えてどんでん返しの動乱を画策していたことになっている。してみれば、大小の悪党は文芸的には所詮は天狗に見立てられたわけで、これを逆からいえば、天狗は恐ろしい怪物で悪事をはたらくにはちがいないがすこし痛快な面白さもあるように、世を騒がせる悪党にも憎めぬところもありカッコよいところもあったのである。

当時はやったことで悪党の一面をみるのにふさわしいもう一つは、「ばさら」という言葉である。鎌倉末期、悪党的な叛逆や騒動を繰り返していた武士どもは、幕府滅亡の元弘の変から南北朝動乱期にかけて、一旗揚げてあわよくば所領を拡張し権勢を振るう身になろうと勝ちそうな側へ馳せ加わり、やがて成り上がりの大名・小名として羽振りをきかせ放逸三昧にふけった。当時そのような驕奢・放逸・遊蕩を「ばさら」(婆娑羅・風流・跋折羅などの字をあてる)といった。『太平記』巻二十四に、奢った武士たちについて「そぞろなるばさらに耽りて、身に五色を粧り、食には八珍を尽し、茶の会、酒宴に許多の費を入れ、傾城、田楽に無量の財を与へしかば、国費え人疲れて、飢饉疫癘、盗賊兵乱止む時なし」とあるなど、その例である。この「ばさら」とは、『大言海』などによれば、もと梵語の漢訳で金剛と書かれる語で、きわめて堅くいかなるものも打ち砕く鉱物の意味であり、そこから仏教で法具に用いる独鈷など金剛杵をも指した。ところが、この「ばさら」という語が音楽や舞で、金剛が物を砕くごとくに、本拍子から外れて、技を目立たせることの意味に用いられるようになり、やがて無遠慮に振舞うこと、ひいては驕奢・放逸・虚飾・遊蕩・狼藉という意味になり、これが南北朝以後(つまり悪党登場以後)の流行語になったという。してみれば「ばさら」とは、まるで悪党からの成り上がりの武士どものためにかねて用意してあったようなあつらえ向きの言葉であったといわねばならぬ。なお、ついでにいえば、当時大流行した田楽がそういう「ばさら」と同じような性格のものであった。

しかし、「ばさら」はすでに虚飾のひびきを伴う。放逸に痛快さはあっても、退廃の色はおおいがたい。それは、魂を失った虚飾の悪党の姿である。悪党にどういう魂があったといえるか、これにはたしかに問題があるが、あえていえば叛逆の精神と自然発生的な楽天性、すなわち地に根をおろしたふてぶてしさがあった。しかし、「ばさら」はもはや浮わついており、いわば人民的な支持を失いつつある状態にある。それが悪党から大名・小名へ成り上がった南北朝期の武士の歴史的宿命でもあった。

私のみるところ、悪党の前進的な役割はかくして終わった。しかし彼らの出現は、後世に若干の貴重な遺産をのこした。悪党の「魂」はもっと庶民的な狂言の「おかし」の境地にひきつがれた。そこには、権威の呪縛から解放された健康な笑いがあった。しかも、それはただ単純に健康な笑いだけではない。そこには、人間性についての深い理解と共感がある。狂言の「武悪」などをみると、それは胸に迫るものがある。そして、「おかし」から、かるみ・なさけ・かなしみなどという美意識が新しい状況のもとに再生して新境地を確立し、芸能にも表現されていくのである。それをすべて悪党の功績であるかのようにいうのはむろんまちがいであるが、そういう新しい局面がひらける第一段階において、悪党はその主体でもありその精神の体現者でもあり造型のモデルでもあったのである。

変革期の意識と思想

一

　南北朝期が変革期というにふさわしい時期であることはここでことさらいうまでもないようであるが、この時期はどのような意味で変革期といえるのであろうか。また、変革期であればそれにふさわしく変革期の思想と呼びうるようなものがあっただろうか。それはどんな状況で存在したのか。

　南北朝期が壮大な歴史の変革期であるということをとりわけ明確に主張し、歴史研究のみならず文学や思想の研究にまで大きな影響を与えたのは、松本新八郎氏であった。松本氏は、この時期が鎌倉時代まで根強くのこっていた古代的なかれこれの要素を克服して封建的小農民層が広範に自立をかちとっていく「封建革命」の時期であると説き、この根底からの社会変動によって内乱と新しい社会・政治体制の編成が進行しただけでなく、思想・文化にも数々の新しい創造と展開がみられたと論じた。さらに惣＝郷村制と室町幕府の支配体制がこのようにして展開し、そして狂言・茶寄合などの民衆的な文化が生みだされたと説いた。

松本氏のこのような説が発表されたのは、もう三十数年も前のことであるから、それが当時どれほどに大きな影響あるいは意義をもったかを、いまさらくどくど説く必要はないかとおもう。だが、それがその後の研究の進展のなかで、そのままのかたちでは通用しなくなっているのも当然である。南北朝期の〝変革〟を「封建革命」の決定的な段階とみるには研究はあまりにも多くの問題を掘りおこしてしまっていて、真正面から変革期と呼ぶことじたいがむしろまれになっている傾向さえあるのである。

しかし、そういう三十数年の学説史をここで論ずるのはさしひかえよう。ただそれにもかかわらず、私は、この時期が守護の領国支配・国人領主・惣村などともかくも新しい社会的諸関係の展開——その歴史的評価もまたしばらく棚上げにしておくとして——へ向けての変動の時期であることを確認して、その意味で変革期と呼ぶことに躊躇せず論をすすめたい。

そこでつぎは思想の問題であるが、右のように南北朝期がともかくも変革期であるとするならば、南北朝期の思想は必然的に変革期の思想であるということになるのだろうか。そのように機械的・形式的にいえないとしたら、どういうものが変革期の思想というにふさわしい思想なのか。

たとえば狂言といったものも、かつてひとしきり論じられたように、南北朝期の民衆の変革期らしい思想を表現するものかどうか、改めて考え直す必要があろう。それは、今日に伝わる狂言が直接には近世のものであり最古の台本といえども近世初頭のものであるから、そのような後世の変容と考えられるものをさしひいてみることができるとしての話であるが、それがはたして南北朝期の変革のただなかの息吹を伝えるものなのか、それとも変革の過程を経たあとの達成の状況を表現するものなのか、それをどう判断すればよいかということである。むろん、現在ではもはや具体的な形に復元して確認することのできないものについて論ずるのは、至難のわざというより空論に終わりかねない。しかし、狂言については、もともと変革の結果の思想状況を表現するとはいえても、変革の過程の思想そのものとして論ずる理由は乏しかったのではないか。狂言じたいはともかく、要するに変革を経過して達成された状況をみて（つまりすでに新たな安定に到達している歴史の成果にもとづいて）論じてみても、〝変革期の思想〟とはいえないのではなかろうか。

それでは、本格的に〝変革〟が展開する前の、萌しつつあった段階での思想はどうか。

どのあたりから変革が萌していたとすべきか、これはまた問題である。たとえば叡尊・一遍・日蓮らの鎌倉後期の宗教家たちの思想が、一種の危機感を内包しており、南北朝期には地方まで教線を伸張して一定の繁栄さえみせていたのが事実だとしても、それらを変革期の思想とみなすのは適当ではなかろう。その危機感が変革のただなかのものでないことはいうまでもないし、むしろそこには、既存の権威が予定されているかまたは本来あるべき秩序が期待されているのが、みてとれるからである。

吉田兼好の『徒然草』についても、同じことがいえる。そこに変革の弁証法ともいうべき思惟様式があるという指摘は、これまた松本氏の着眼であったが、そうした評価の適否にかかわらずつきつめてみれば兼好にはやはり特定の秩序への信頼を前提にした発想があるとおもう。

ということは、変革期の思想というからには、われわれは、時期的にも内容的にも兼好の段階をもこえた状況での思想、いわば変革のただなかの沸騰し激動する状況での思想の姿をさぐってみる努力をしてみなければならないのではなかろうか。変革期の思想とはどういうものを指すのか、これを考えなおしてみることがわれわれの当面の課題の一つであろう。

二

変革期という言葉にひかれて、変革を希求してやまぬ思想こそが〝変革期の思想〟の主流を占めるものであったかのように予想するならば、南北朝期に関するかぎりあまり適切でないように私はおもう。いつの時期の変革期でも思想の歴史はそう単純なものでないということだけでなく、南北朝期の〝変革〟の進展は、要求や綱領を掲げた近代や現代の変革のように変革の自覚と展望をそなえていたわけでなかったことからも、当然のことである。それは、この変革の特質に深くかかわっているのである。

南北朝期の動乱の発端が後醍醐天皇の元弘の挙兵にあったからといって、天皇が変革の推進力であったわけでないことは、改めていうまでもない。この時期をはさむ前後の社会の構造を比較してみれば、だれでもあるていどは認めるように、この動乱のあとの段階には、社会的・階級的により自立した都鄙民衆の活動的な姿が広範に現われてきているのはたしかであり、それが変革の基底の巨大なエネルギーをなしているのは疑いあるまい。

しかしそれは、十四世紀の中ごろという時点で突如出現したものではない。これにはいろんな見方もあろうが、私などの理解では、中世のはじめ以来この時期まで畿内先進地域からしだいに後進地域へとひろがっていった民衆の自立と活動が鬱勃たる蓄積となり、あたかも水をいっぱいにふくんだ土砂がささえきれずにいちどに斜面を動きだすように、地すべり的状況となって動乱へ進展したのである。当然この動乱には、すべての階級すべての勢力が巻きこまれた。だが、その進行を制御することはおろか、一貫した展望をもちえた者も、だれひとりいなかった。

してみれば、われわれが問わねばならない〝変革期の思想〟は、このような――やや極端にいえば――さきを見通せない状況での思想のありかたを基本的な特色とするようなものでなければなるまい。この、さきを見通せない変革期の思想のありかたとして、私はさしずめ三つの姿勢をあげることができるとおもう。

その第一は、単純素朴に要求を主張し新しい事態の実現へつき進んでいく、即自的な意味での変革肯定の思想態度である。『太平記』が描きだす悪党・野伏・溢者の奔放な行動には、そこに多分に文学的な誇張や偏見が加味されているにしても、民衆や武士たちのなかにそうした傾向が存在したことを推測させるに充分であるし、そういうふてぶてしい姿は若干の古文書史料などにも確認されている。『太平記』が高師直らの言動として、寺社本所領の横領や公家への非礼、寺社の破壊などを描写しているのも、単なるつくり話ではなかろう。既往の権威の呪縛・抑圧を打ち破って大胆奔放に自己の欲望をぶちまけていく態度は、やがて「ばさら」と呼ばれた一種独特の気風あるいは発想として定型化されることになった。

第二は、動乱のゆくえを模索しながらも、自ら新しい秩序を創出し確認していく思考態度である。『梅松論』は、その一つの典型であろう。この書物の作者や著作年代は今日まだ明確にされていないが、動乱のなかばごろの時点で足利方の者によって述作されたことだけは疑いない。その記述の態度の基本にみられるものは、「先代」（北条氏治下）に対して「当代」の語でいわれている新時代を創出したという自覚、曲折にみちた足利一門のたたかいを回顧してその達成を武家政治発展史のなかに位置づけ確認しようとする歴史意識である。

武家政治の展開を中心に歴史を構成する形式は、すでに『吾妻鏡』などにもみられるものである。けれども、そのばあいにはまだ関東の一角の幕府の記録というたてまえにとどまっているのに対し、『梅松論』では将軍・執権の系譜が歴史の主要部を構成するものに位置づけられている。ここではまだ、武家政治こそが歴史の主軸であるとする姿勢まではみられないが、『保暦間記』が保元以後の武家の歴史をこの時点で回顧したことにもみられるように、武家の社会的地位の飛躍的上昇に注目して歴史をみなおそうとしたこの時期の各層の傾向を表現しているだけでなく、足利一門に属する著者が主体的にたたかいとったことの確認ともいえるものが、『梅松論』にはうかがえるとおもう。

第三に、動乱の展開に対して自己の既存の信念を適用してこれを理解し、動乱によってかえってその信念を強固にしていくかたちの態度をあげることができる。円観恵鎮は鎌倉末期学徳の誉れ高かったが、そのため元弘年中には天皇の挙兵の謀略に巻きこまれて幕府方に逮捕され、鎌倉まで護送された。けれども、内乱のさなかに没してのちのこされた自記(『五代国師自記』)には、その一生は「閻浮受生大幸」にはじまり、「叡岳容身大幸」「円戒興行大幸」「貴種伝戒大幸」「円宗弘宣大幸」など「大幸」にみちみちた生涯として回顧されており、歴史的な一大変革期もこの人にとっては、思想に影響を与えるほどのものではなかったことがわかる。すでに学徳成り老境に達していた円観のような人物を、ここで例にするのは適当でないとおもわれるかもしれないが、しかし、円観が決して例外的存在でなかったことに注意しなければならない。

夢窓疎石は、鎌倉幕府・後醍醐天皇・足利尊氏とつぎつぎに尊崇を受けむしろ世渡り上手とみえるほどに転変を経験した人物であるが、この夢窓と足利直義との問答を記録したという著作に『夢中問答集』がある。そこで彼が、禅の奥旨をしめそうとして世間の人びとの福徳や名利をもとめる心から説きおこしている点は、当代の世相を感じさせるが、彼の思想がそこから出発しているのでもなければ、それによって変容したわけでもない。夢窓はあくまでも自己の得悟の高みから動乱・転変に対しているのである。

北畠親房も同様である。『神皇正統記』はつねに南北朝動乱とのかかわりにおいて説明されており、事実この動乱がなければこの著作はなかったであろうが、しかしこの書物の思想の骨格は動乱の以前にできていたものであって、動乱が与えたものは、よりきびしく硬化した姿勢、傲岸なばかりの信念化にほかならなかった。親房の思想は、その意味でこそ変革期の思想の一つの姿であったといえるのでなかろうか。

以上に列挙した三つは、一応の形式的な類別にすぎないが、いずれもうちつづく動乱のなかであるべき秩序あるいは理念を模索し主張した、思想的ないとなみのありかたであることに、注意したいとおもう。繰り返しいうが、変革期の思想は変革を志向する思想だけではないのである。

それでは、右の三つの姿勢は、それぞれ変革期の社会を構成する諸階級・諸勢力の志向の形に対応するものとみるべきであろうか。たとえば第一の変革肯定の思考態度が民衆や国人層の思想に、第二の新しい秩序をたしかめていく態度が足利氏を中心とした勢力や武家方の知識層に、第三の既成の信念に立脚する態度が古い体制に依存する公家・寺社勢力に、照応するのであろうか。むろん、そんな単純なものでないことも明白である。ひとまとめに変革期の思想とはいっても、民衆には民衆の思想史が、国人層には国人層の思想史が、知識層には知識層の思想史があるのだから、それぞれについてあとづけてみる必要はあろうが、しいて単純化することであってはならない。民衆が一般的にみて、より解放された自立的な境涯をもとめていたとはいえるにしても、この動乱と変革の時代に安居院の『神道集』のような教説と説話がひろく都鄙民衆のなかに唱導されていたのも、また事実なのである。『神道集』は、表現の形式においては斬新といってよいほど民衆的なものを達成しているとされなければならないが、思想的内容は必ずしもそうではない。それはあくまでも天台宗の顕密の教説の枠を出るものではなく、ただ「神道」説の比重を著しく増している点に民衆生活との関連を考えさせる思想的な特色がみられた。だが、それもすでに鎌倉末期以降の叡山教学全体の特色であったのである。

われわれは、民衆が新しい思考様式や論理体系を自覚的に駆使して変革に対処していく状況を、変革期の思想史の本流につねに想定することはできないとおもう。既成の信仰や思想が、動乱のなかに生起する新しい事態を生き抜いていくうえにいかなる役割を果たしていたかの考察もまた、新しい思想の創出の追究におとらず重要な意義をもつのである。

三

南北朝内乱期の群像として、印象的におもいうかべられるものに、一方には悪党・溢者・野伏そして「五度・十度敵ニナリ味方ニナリ」しながら利をもとめる武士・国人など貪欲・放埒で誇りも理想もなくふてぶてしく哄笑する人間像があるが、他方には破綻・対立・抗争の続発のなかで安定と秩序を模索しつつ命がけで生き抜いていこうとする壮絶な人間像がある。

周知の人物でいえば、いわば内乱の主役として幾度となく熟慮と決意の瞬間を経験し、そして矛盾・抗争に苦しんで清水寺に願文を納めたり後醍醐天皇の冥福を祈って天龍寺を建てたりした足利尊氏、戦闘と執政のなかで夢窓疎石に禅の奥旨を尋ね、しかもついには尊氏との敵対関係のなかで毒殺される足利直義、また彗星のように現われて数年間の知略の活動の最後に運命的な死の途におもむく楠木正成などは、やはりこの時代の代表的な人物であり、巨大な変革のエネルギーを形づくった凡百の人物の生涯にも内在したはずのきびしい宿命をそれぞれに象徴するものであったといわねばならない。そして、こうした模索的な生きかたこそが、変革期の思想史がもつ自覚的・知的な側面を、もっとも先鋭に描きだしてくれているのである。

『梅松論』は、さきにものべたように、新しい体制を切りひらいた足利一門の達成を確認する論述に貫かれているが、しかしその確認は、変転のなかでの模索、対立的立場の葛藤を通じて到達されたものであったことに注意したい。そのことは、その記述の形式にも表現されている。今日古写本系と目される京大本・天理本など――この推定に疑問がなくなったわけではないが――は、冒頭に北野の毘沙門堂での参籠の問答をながながと載せており、「先代」と「当代」との関連に読者の注意を喚起させることから説きはじめている。

こういう舞台設定を行ったのは、『太平記』がやはり同じく北野社の通夜物語で、相反する立場を体験してきた三人の遁世者に時世の得失を論じさせ、またこの内乱の末期ごろに成立した『三人法師』が互いに仇敵の因縁をもつ三人の僧の物語から「世の中の道理」への悟りを導きだしているように、相反する立場の主張と論議から真実を引きだしてくる当時の思考様式を意識したものと解せられよう。それはものしりの翁・嫗に故事をたずねる鏡物の対話形式とは異なり、対立的立場からの討論なのであり、しかも三人の論者が設定されることで討論が止揚される仕組みになっている。葛藤と模索の時代が生んだ知的論述の表現様式といえるかもしれない。

しかしながら、そうした模索によって到達された主張についていまひとつ注意しておくべきことがある。先述のように、『梅松論』は「当代」の達成について自信を表明しているということができるが、反面それは旧来の観念のあれこれを単純に否定するものではなく、むしろそれを基盤にするものでさえあった。さきほど指摘した冒頭の「先代」の語をめぐる問答で、「当世何事モ誠シク穏便ナル事ヲハ先代様ト申テ貴賤口遊候」（京大本）といわせているのは、それが当時の世間の感覚の実際であったかどうかはともかくとして、作者自身が「当代」のばさら風などを軽蔑する心情をもちあわせていたことを暗示している。

それに足利幕府の正統性の由来を将軍にもとめているのも、一種の限界をしめすものであろうし、いたるところにみえ隠れする宗教的観念も、旧来の顕密仏教の常識の枠内のものである以上、簡単に新しい思想様式を云々することはできないだろう。『愚管抄』や『神皇正統記』が歴史の展開を超越的な神仏のはからいに帰しているのに対して、『梅松論』はそれを〝天〟が要求する「徳政」に合致しようとする人間の努力に見出しているとも説かれるが、その〝天〟〝天道〟が仏教の諸天・天衆（梵天・帝釈天など）と連続的に理解されている点があるとすれば――これらの字句の存否異同について諸写本を詳細に検討すべきであるが――けっきょくは慈円・親房の域を多く出るものではないということにもなろう。

このことは、いわば『梅松論』のあとをうけるものと評されている『源威集』に、いっそうよくあてはまる。足利一門の支配と権威が確立した経過を自らの体験を踏まえて説くその独特の論述の態度には、歴史をたたかい抜いた確信が具体的な行動の記述のなかにしめされていると、ひとまずは認めることができる。しかし、作者はそのようにしてかちとられた秩序と権威を、超人的・英雄的な人格や力量に帰するのでも現実的・物質的な支配の達成で裏づけるのでもなく、もっぱら源家の系譜や八幡の加護の歴史など伝統的権威の強調によって裏づけるのである。ここでは『梅松論』よりもさらに濃厚な姿で、伝統的権威を飾るために神秘的思考方式へのめりこみ、源家を「朝家ノ守護」に位置づけ、尊氏が自分の見物の桟敷が天皇の輿の高さより一段低くなるよう柱を引き切らせた態度などを「正シキ礼儀」と強調し、大将・将軍の「二十ノ矢」「七印」「鳴絃」さらに弓箭などの「秘説」や「口伝」をことごとしく記述し、当家の「庭訓」についてのべ、尊氏の文和の京上が頼朝の文治・建久の入洛にならうものであるかに力説していることなどがめだつ。足利氏の権威がこの段階でよりたしかなものになり、それだけに儀礼上の粉飾化が進行していたことをうかがわせるが、同時にそうした権威づけの方向が当初から内在したものであることをみてとれよう。それは、このような方向では公家・寺社をふくむ旧来の体制をいろどった諸々の伝統的権威の克服に限界があることを、推測させるものであるとともに、南北朝期の〝変革〟のもつ基本的な限界性をも物語るものであろう。

模索のなかの新しい側面はたしかに新しい思想的達成にちがいないが、変革期としての全体像と思想史的評価は、旧来のものを克服しきらない制約や限界もふくめて把握されねばなるまい。

四

さきにものべたように、この内乱において変革の進行を一貫して制御できた者は、だれもいなかった。願望は横溢し渦巻いており、大勢のおもむく方向を把握することは一応はできても、動乱の具体的展望を予見することはだれにでもできなかった。地すべり的な変革のエネルギーは、それほどにも壮大であった。

たしかな展望を欠いた奔走は、人びとをくたびれさせ、時勢を慨嘆させ、ついには思考を放棄させる。『太平記』が、はじめ「天地命ヲ革ムベキ」ときと気負いこんで語りはじめながら、やがてその叙述のモチーフを二転三転させて、ついに戦乱の継続中のわずかの小休止を〝太平〟に見立てて、投げだすように話を打ち切ったように、はじめのうち善政の出現を期待し、あるべき体制的秩序を論じた人びとも、戦乱が日常化するにつれて変革を意識しなくなる。そして、合戦がつづく合間に田楽が繁盛し、連歌や茶寄合が流行したりする。また、それよりも思慮深い人であれば、武家の覇権を必然の方向とみなし、戦乱の日常化を冷静にあるいは無感動に受け止めていくか、宗教的な達観の境地をもとめるようになる。

『源威集』によれば、文和年中の東寺合戦にさいし、見物衆が五条橋を桟敷にして両軍の死闘を見物していたというが、さらに驚くべきことに、その晩は終夜清水坂に立君が袖をつらね座頭が琵琶を弾けば平家を語るふぶけたやつもいた。それどころか「御遺物買物候か、古針買おう」と陣中を歩き回る者があり、合戦のない日は敵味方が洛中の湯屋でいっしょになり、物語してすごしてあたりまえのようにしていたという。作者はこのことを記して、田舎と異なりこれこそ都かと感心したとのべているが、京都がいちはやくそういう感覚を醸成したであろうことはうなずける。そして、戦乱の日常化もここまでくればいちいちその意義に気負うことがあろうはずもなく、変革期のきびしさがもつ知的思想的役割も鈍化してしまうことになる。

このような状況は、この変革期の幅の広さに由来するものであるとともに、この〝変革〟が真に斬新な理念にいまひとつ不足するという特質にもよるものであろう。実際、今日からみても、この変革期の戦乱を経過してもたらされる武家の支配の拡大は「先代」を継承する側面を多分にもち、武家以外の者にとっては新しく期待すべき理由がそれほどないものであった。そして、そうであれば戦乱のいちいちの時点でのきびしい模索と決断という体験の主体的意義はそれとして、思想内容としての新たな達成について客観的に評価する段になれば必ずしも目覚ましくまた感銘を与える作品が多く見出せないのも理由のあることといわねばならない。変革が単なる動乱と意識されている状態ならば、人びとの思考の回路はまたもや無常の哲学という中世的世界観のベースの再確認におちいり、宗教的得悟の方向へ帰着することが繰り返されても当然である。

この時期の禅や神道論（親房・慈遍・兼良など）などはそれなりに新味もあり、西大寺流律家や遊行派の時衆の活動も注目されるが、いずれも前代からの基調をうけるものであり、変革に結びつく性質のものではなかった。むしろ、先のみえない変革という意識に見合っていたものは、天台の玄旨帰命壇の信仰や密教の邪義的な秘法など、濃厚で奇怪な神秘主義、それにさまざまなかたちでの露骨で現実的な即物主義であったというべきであろうか。しかし、こうしたものが大局的・基本的な点で旧来の思想の体系をゆるがすものになりえないのは、いうまでもない。

変革期の人びとのさまざまな模索に新しい思想的営為の局面をさぐる仕事とともに、それらが思想の内容においてどこまで〝変革〟を達成したといえるかを評価することが、いま改めて必要になってきているとおもうのである。

中世における武勇と安穏

はじめに

これから私がお話いたしますことは、仏教に関する研究といえるようなものではありません。むしろ、日本中世史全般のとらえ方の問題というべきもので、仏教史には、具体的事実としてごくわずか言及するにとどまるとおもいます。けれども、仏教史研究の姿勢、あるいは仏教史研究の分野にこういうものもあってよいのでなかろうかと考えてのことでありますので、そういう一つの提言として、お聞きいただきたいとおもいます。

一　中世は武士・武勇の時代か

本日の題には、「武勇と安穏」という仏教史研究にも普通あまり見かけない言葉を掲げましたが、まずこの「武勇」ということについて、申してみたいとおもいます。

私の理解していますところでは、今日一般に、日本史上「中世」といわれている時代は武士が社会の主導的な地位にあった時代であり、武勇が尚ばれた時代であると、されているとおもいます。たとえば、もう古典的な著作の類にはいりますが津田左右吉『文学に現はれたる我が国民思想の研究・武士文学の時代』（一九一七年）では、承久以後「世は純然たる武家の時代となった……」「社会組織の骨組みが武士によって形成せられ、武士が凡ての社会的活動の中心となってゐた」（二頁）とし、そういう社会の「武士道徳」として、主従の情《なさけ》、恋愛の情、さらにそういうものがやがて「恩こそ主」というような利己心になること（一二〇頁）、また戦闘の与える精神的訓練としての「死を軽んじて名を重んずる」弓矢の道、義侠心等々（一二三頁）を指摘しています。儒教道徳・仏教道徳などにもふれていますが、それらは文学上の知識であり主観的情懐であるとして、客観的にはあまり意味のないものとされています。

村岡典嗣『日本思想史概説』（一九六一年）（一九一九年東北帝大講義、「日本思想史研究Ⅵ」一九六一年）では、「中世思想の本質とその史的発展」という節で「中世思想の主なる構成要素」として、武士道・新仏教・中古趣味を挙げ、「中世思想において最も主要な地位を占むるものは武士道であることは明らかである」（一八九頁）と述べ、主従関係・軍陣道徳など武士道の特質として、忠義・勇気・質素・公正・犠牲精神・誠実・克己などが指摘されています（三三〇頁）。

第二次大戦後に出ましたものでは、和辻哲郎『日本倫理思想史』上巻（一九五二年）には、「『武者の習』は、眼中に国家なく家族なく、ただ主従関係においてのみ献身を要求する道徳である」（三〇〇頁）といい、この武者の習が起点となって中世の倫理思想、つまり公平無私の理想（人倫的理想）、神国思想（皇室尊崇の感情）、慈悲の道徳（新興の鎌倉仏教）が発展するものと、説かれています。

以上挙げましたのは、いわば戦前型の代表的な説でありますが、これに対して戦後のものでは、家永三郎『日本道徳思想史』（岩波全書、一九五四年）は、その第六章、武士の道徳思想（上）で、鎌倉・室町時代の武士についてその一貫して変らない要素（七三頁）として主従道徳をあげ、さらに家族道徳思想、政治思想、階級意識、宗教思想などを考察していますが、主従道徳について、恩顧と奉公との交換関係を指摘し、名誉心も恩賞のためであり公共心を欠如したものであるとのべ、和辻博士風の武士を賞揚する倫理思想史を批判しています。ただしここでは、中世の道徳思想を貴族・僧侶・武士に分離した上でのものであることに、注意しておく必要があります。

戦後は武士道について論ずることがはやらなくなり、武士道を礼讃する研究は少なくなりましたが、しかし中世の倫理の思想を特色づける最も重要なものとして武士の思想を挙げる見解は、その後も続いています。古川哲史・石田一良編集『日本思想史講座』二（中世の思想1）〈一九七六年〉では、「武士思想の形成」の章（筧泰彦）に東国武者の習として捨身と懸命、恩愛と惜名と献身などが説かれていますし、専門の研究書ではありませんが加藤周一『日本文学史序説』上（一九七五年）では、「第二の転換期（十三世紀）を特徴づける文化は、新興の仏教とその新しい階級との係り、武士権力の強大な社会のなかで疎外された貴族階級の反応、読者（聴き手）層の拡大と武士・大衆の世界の表現――以上の三点に要約して説明することができる」（二一三頁）とされ、ここでも「中世＝武士社会」史観がみられます。

以上、若干の代表的な説を挙げましたが、もちろんこの程度のことでは、とても今日の中世史研究・思想史研究の全般を通覧したことになりません。けれども、中学・高校の歴史教科書の記述などを思い出していただいても、今日の通説的な論調のおおよその傾向の説明とすることには、差支えないとおもいます。そして、これらをいちおう「通説」と呼ぶとしますと、この通説の特色はどのようなものといえるでありましょうか。

それは第一に、貴族・僧侶（いわゆる旧仏教の）と武士とを峻別しかつ対立的な関係にあるものととらえた上で、武士を時代・社会の主流的存在とみる見方、つまり「中世は武士社会」とする見方です。これは、周知のように戦後おおいに発展しました社会構成史的研究における石母田正・永原慶二ら諸氏の「領主制」の学説と照応し関連しあう性格のものといえます。

第二に、右のことから、貴族・僧侶と武士とは基本的に異なる価値観をもつものであり、そのうち中世的な価値観として新しく登場したのは武士の道徳ないし思想と新仏教とであったとみる見地が強調されるようになります。

第三に、武士の生き方を特色づける「武勇」――この言葉の使われ方や意味についてはあとで立入って考えてみますが――を肯定的に位置づけ、実践的倫理ないし徳目として積極的に評価します。さきに挙げた例では家永博士だけはやや異なりますが、一般には肯定的に評価されています。

第四に、右との対照で気づくことですが、「安穏」――さしづめ「平和」としておきます――を求める動きあるいは思想を積極的に論じたものは、ほとんどみられないことです。

さて、私が〝武勇と安穏〟というあまり重視されていない言葉に注目しますのは、まさにこのような通説への反省＝批判としてであります。私の疑問はこうです。まず、「武勇」の概念ですが、それは中世においていかなるものとして存在したか、かりに段階的にわけていえば、「武者の習（風習、生き方）」という即自的な意味か、倫理的規範・徳目の一つにまでたかめられていたか、さらに社会全般の理想ないし秩序原理にまでなっていたか――こうしたことを考え直してみる必要があります。そして、かりにその対極として「安穏」という概念を置いてみて、それが、昨今通俗的にやや漠然と用いられているばあいのように、消極的ないしは逃避的な心情や生き方をあらわすものでしかなかったのかどうか――それを考えてみたいとおもいます。

ここで一言申しておきたいのですが、私がこのような聞き慣れない話題を掲げますのは、むろん現代の世界が戦争か平和かを問われていることと、関係がないわけではありません。しかし、だからといって直接そういう現代的な問題から、無理に話題を設定したわけでもありません。そうではなく、事実として今日の日本中世史研究の基本的な問題、日本中世社会をどのようなものとしてとらえ直すかという研究上の大きな問題に、深くかかわっていることを、是非御理解いただきたいのであります。

二　武士・武勇および合戦（1）

そこでつぎに、中世社会において武士とはどういう地位のものであったか、また戦闘・合戦がどういうものとみなされていたかを、改めて考えてみたいとおもいます。

戦後の尨大な中世史研究がすでに十分明らかにしていますように、ふつう「武士」といわれるものを社会経済的・階級的に性格規定いたしますと、一般的には在地領主層に属することは、改めて申すまでもないことです。しかしここでは、そのような客観的な実態についての性格規定ではなく、社会における相対的な地位、ことにそれについての意識内容が問題でありますから、「武士」身分の意味をまず問題にすることにします。

私の考えでは、「武士」「武者」などという語は、本来一種の職能を表わす言葉であることに、注意すべきであろうとおもいます。平安後期の藤原明衡の『新猿楽記』に、猿楽見物の一家のいろいろな人物の「所能」が書き並べられていることはよく知られていますが、そのなかに「中君の夫は天下第一の武者なり」とあり、武者は「所能」の一つ、社会的分業の意味での能力、その意味での身分の一つとして扱われています。また、十三世紀末に良季という人が著わした『普通唱導集』には、「世間出世芸能二種」のうちの世間部の

「芸能」に、文士・随身・歌人・医師・巫女・番匠・遊女・田楽・商人等々と並べて「武士」が記されており、それよりやや時代を降る『二中歴』にも「芸能」のうちに「武者」が挙げられています。私は、武士とはそういう「芸能」的な身分を表わすのがその本義であったとおもいます。

しかし、そのような「芸能」としての武士も、なんらかの支配体制のもとでの存在である限り、単に素朴な意味での社会的分業の一つであるだけにおわるはずはなく、実際には支配秩序のなかの特定の地位に位置づけられて存在しました。よく知られていますように、平安中期に武士が出現したときから、かれらは地方では押領使・追捕使などの職、中央では摂関家の侍《さむらい》、さらに院の武者所、北面の武士などの地位にありました。かれらがいかに勇猛で人々に恐れられていたにしても、所詮は貴族の「侍」であり用心棒であり、権力者の走狗とみなされていたことは明らかで、それはたとえば『保元物語』が、源為朝を、崇徳上皇方にとってまことに重宝な逸物、いわば自己の意志を欠いたまま怪力を発揮する「兵《つわもの》」として描写していることなどにも、みることができます。政治体制のなかでのこうした地位は、公領・荘園の支配体制では武士が在庁官人・荘官（下司）などであったことにも通じております。鎌倉幕府が成立しますと、かれらのかなりの者は幕府の統率下に、それまでとかなり異なる新たな公的な立場を付与され、武士という言葉も、「在京武士」

などのように治安のために公的に組織された幕府指揮下の者を意味するように用いられますが、「侍」身分という性格の本質は、やはり変らないと考えられます。鎌倉時代の地頭・守護および幕府は、そういうものとして権門体制のもとで存在していました。そして、「武家」というのは、そういう武士を統轄する鎌倉殿＝将軍という権門を指す言葉であり、したがって、将軍は「芸能」としては〝武士〟〝武者〟であるとかりにこういうことができるにしても——私はそういう用例を知りませんが——決して「侍」身分ではなかったことは、いうまでもありません。つまり、中世の支配秩序のなかで、武士は決して全体制の根幹を握るものとも最高の支配的地位にあるものとも考えられていなかったことを、率直にみなければならないとおもいます。

このことは、社会構成的観点から武士＝在地領主層をみるときにも、同じようにいうことができます。私は「領主制」を基軸に中世の社会構成の展開をみることには賛成しませんが、在地領主制が成立してくること自体の必然性については、人後に落ちず強調したいとおもいます。在地領主制の発生と展開が社会生活における人と人との関係に新しいものをもたらし、在地での生活秩序や政治的対抗関係、したがって、また人々の気風や人間類型にまでそれに相応した特色をもたらしたことは、いままでの諸研究にもいろいろいわれてきたことで、それをここで細説することはいたしません。簡単にいえば、家父長制的な温情と農奴制的な暴力的収奪、地域におけるいわゆる封建的アナーキーによる武力抗争の傾向、その結果、社会現象としてひろく私人が武装や闘諍をこととし、武技を得意とし、まさに「武勇」を気負う風の発生は、避けがたいものになるわけです。

けれども同時に、つぎのことも忘れてはなりません。それは、在地領主制が唯一の中世的な生産様式（ウクラード）だったのではなく、また社会構成の全体をそれだけで決定するものでもなかったことです。このことに関しましては、周知のように前々から社会構成史的研究の面でいろいろ説のあるところで、煩雑になりますからここでは立入ったことは申しませんが、荘園制社会あるいは荘園公領制といわれる中世社会では、在地領主制は社会構成上むしろ副次的な位置を占め、だからこそ、実際にも武士は最高の支配権を掌握してはいなかったわけです。結論だけ申しますと、武士の地位やその気風が中世社会の性格を決定しきるほどのものではなかったのではないかという反省は、社会構成に関する長年の議論に照らしても、いまなお必要でないかとおもうのであります。

それでは、武士が得意としその「芸能」としていた合戦、また、かれらの「習い」として徳目としたとさえいわれる「武勇」は、どのようにみなされていたでしょうか。

これについては、もとより中世の文献にはさまざまな記述があって、それを分析することは中世思想史・中世文学史の全体を論ずることにもなり、到底ここで十分なことはできませんから、とくに注意したい側面についてだけ申してみたいとおもいます。

『今昔物語集』が本朝世俗の部で、武士の行動や生き方を、農民・商人さては博打・盗賊など雑多な庶民の姿態とともに活写していることは、よく知られています。とりわけ武士についても、都市貴族的な生活感覚からは驚嘆のほかないものとして語られているわけですが、それでは武士を賞讃・讃美しているのかといえば、ここで逐一例を挙げるのは差控えますが、そうでもないという点に、注意しておきたいとおもいます。『梁塵秘抄』に、

436武者の好むもの、紺よ紅・山吹濃き蘇芳、茜《あかね》寄生樹《ほや》の摺《す》り、良き弓・胡籙《やなぐい》・馬・鞍・太刀・腰刀、鎧冑に、脇楯《わきだて》・籠手《こて》具して

444鷲の棲む深山《みやま》には、概《なべ》ての鳥は棲むものか、同じき源氏と申せども、八幡太郎は恐ろしや

とあるのもおなじで、いわば道徳的あるいは宗教的な見地からの評価は留保したままでの口ずさみであり驚嘆であるといえます。それは、現実に出現してきている多様な新しい人間類型の一つとしての注目であり、その点『新猿楽記』が「所能」をもの珍らしく列挙してみせたのと、通ずるものがあります。

『愚管抄』が「武者ノ世」を末法とみ、乱世とみたことは、周知のところです。慈円にとっては武士は本質的に悪であり、根本的に否定的な価値を意味していました。そして、

そのことをかれの階級的・政治的な立場から説明するのもたやすいことですが、しかし、慈円の武士をみる眼は、そう単純ではありません。『愚管抄』には、合戦のさいの武士の挙動についてきわめて印象的なエピソードが数多く語られており、頼朝の上京のとき篠《しの》つく雨のなかも動ぜず立ちつくした武士たちの剛気な姿にまで注目しています。かれは、むろん武士を讃美などしませんが、さりとて単に嫌悪を示すのではなく、むしろ注意深く見守っているのであって、そこから武士を「君ノ御マモリ」として位置づけようという『愚管抄』の政策論も生まれてくるわけです。そこには、最高級の権門貴族の出自であり天台座主を重任した人物の、階級的好悪感覚以上の体制全体をみるしたたかな判断が示されているといわねばなりません。

三　武士・武勇および合戦（2）

それでは、貴族や京都の都市民でなく、鎌倉幕府の側からはどうみられていたか。鎌倉幕府が武士について肯定的な立場に立っていたことはいうまでもありません。そして、『吾妻鏡』などに勇士を賞揚する記述が多々あることも、いちいち紹介するまでもないとおもいます。しかし、『吾妻鏡』のように鎌倉後期に幕府の伝統を誇示する立場から編纂された史書の叙述でなく、実際の法令ではどういわれていたか。寛喜三年（一二三一）四月二十一日の関東御教書（『中世法制史料集』鎌倉幕府追加法第二八）に、

一　諸社祭礼の時、非職の輩、武勇を好むの類、礫飛のついでに刃傷殺害の条、固く制止を加へらるべきなり。而して此事を禁遏せしむるに依り世間飢饉の由、京中の雑人風聞すと云々。泰時在京の時、殊に制を加うといえども、全くもって其儀なし。これ則ち武勇を好むの輩、事を左右に寄せて構へ申さしむるか。甚だ信し用ふるに足らず。但し礫飛に於ては制の限りに非ず。武芸に至っては停止すべき由、候ところなり。仍て執達件の如し。

とあり、また文暦二年（一二三五）正月二十七日の追加法（同第七〇）には、

一　僧徒の兵杖禁遏せしむべき事

厳制（建暦二年の新制など公家法）すでに重畳《ちょうじょう》、なかんづく山僧の武勇に至っては、承久兵乱の後、殊に停止せられ畢んぬ。而るに近年、弓箭兵具を帯び洛中を横行するの僧徒、多くもってその聞《きこえ》あり。直《じか》にかの物具を奪ひ留めば、定めてまた喧嘩に及ぶか。自今以後に於ては、早く然るが如きの族を伺ひ見、京中といひ辺土といひ、出入の所々を見知し、これを注申せらるべし。（後略）

とあります。いずれも北条泰時・同時房の執権・連署の署名で出されたものですが、武勇

ということに関して泰時はここで二つのことを示しています。一つは、「非職の輩」や「山僧」の「武勇」を禁止し、武力行使の権限を侍身分の者（とりわけ幕府統率下の武士）に限定する方向です。そして、寛喜三年の法令ではそれに対して「京中の雑人」に反感がひろがっていたことがみえています。もう一つは、「武勇」「武芸」をそれ自体美徳として扱うのでなく、むしろ否定的な悪い振舞を意味する語に用いていることです。つまり、まとめていいえば、泰時の考えでは、「武勇」は危険なものであって厳しく制約を加えるべきもので、ただ幕府の統制下にある武力（武士）だけが正当なものとして認められることになります。このことは右の二つの法令だけでなく、幕府の存立の基本原則として一貫していたと、私は考えます。

武士の勇姿・行動・心情と戦闘の華々しさを叙述することを本質としたとされる軍記物語はどうでしょうか。軍記の初期の作品とされる『将門記』は、成立の時期・作者・資料さらに目的などについていろいろ説が出されており、軽々に論ずることはもちろんできませんが、私は、乱の直後に将門の英雄的形姿を叙述する意図で著わされたとみる説には、大きな疑問をもっています。私は、作者はたしかに将門の武勇に関心を示し奔放な勇者として造型しながらも、人間的な評価としては、英雄というよりはむしろ教訓の対象として話をまとめているようにおもいます。また、軍記の代表ともいうべき『平家物語』については、壮烈華麗な武勲譚や合戦の名場面が多々あることはいうまでもありませんが、これも「原平家」の性格を英雄叙事詩的なものにだけしぼることには、賛成できません。そのような説は、決して純書誌学的考察から導き出されたものでなく、それと「中世は武士の世」的歴史観ないし「領主制」理論とを重ね合わせて組み立てられたものといえるかとおもいます。しかも、巻頭の「祇園精舎」の「猛き者も遂にはほろびぬ。偏《ひとえ》に風の前の塵に同じ」という文をとってみても、武士たちの武勇を限りなく讃美しているとはいえません。「猛き者」もついには亡びてしまう――この真理＝法則を冒頭で宣告することで『平家物語』は武勇の限界を全過程にわたって明示しているのです。もちろんそれが、安価な勧善懲悪を語っているのではないことはいうまでもありませんが、さりとて単に英雄の悲劇的運命を一般的に定式化した言葉ともとれない。それは明らかに「諸行無常」の偈の仏教の哲理を語っているのであり、そこに、武勇が至高のものでないというむしろ英雄叙事詩とは逆の主張が、そういうかたちで表現されているのをみなければならないとおもいます。

『太平記』も武士たちの勇姿な合戦の壮絶さを描くことではおなじですが、全篇のモナーフは『平家物語』と大いに異なります。しかし、「太平」記という書名自体、作者がただ手放しで合戦を讃美していないことを示すとみるならば、やはり共通したものをみることができましょう。『太平記』になると、容認できる合戦と非難されねばならぬ合戦と

があって――それだけ政治批判的・教訓的色彩がでてくるわけですが――たとえば、

国司顕家卿、正月八日鎌倉ヲ立テ夜ヲ日に継デ上洛シ給ヘバ、其勢都合五十万騎、前後五日路左右四五里ヲ押テ通ルニ、元来無道不造（善）の夷共ナレハ、路次ノ民屋ヲ追捕シ神社仏閣ヲコホチタリ、惣テ此勢ノ打過ケル跡、塵ヲ払テ海道二三里カ間ニハ、家ノ一宇モ不レ残、草木ノ一本モナカリケリ（巻十九、桃井坂東勢追奥州勢跡道々合戦事）

とあるように、軍勢は庶民にとってだいたい迷惑なものです。「宮方深重の者」といわれる作者が宮方の軍勢をこのように評していることに注意していただきたいのですが、これは他方で楠木正成が合戦にさいして民衆に災厄が及ばぬよう配慮したと記されているのと、対比することができます。軍記だからといって、ただ純真に、つまり無反省に武勇を尚ぶものではないこと、そして、このような『平家物語』や『太平記』が中世の中期から後期にかけてさかんに語られまた読まれていたことに、注意すべきであります。軍記が「武勇」の讃美に徹していないからといって、それを貴族的感覚や仏教思想による混濁とみたり、作品の不充分さとみたり、後世の増補にこと寄せたりするのは、軍記＝英雄叙事詩という仮説を基準に評価する逆立ちした議論のようにおもえるのですが、いかがでしょうか。

合戦を必ずしも晴れの場面、厳粛なもの、壮烈なものとしてたっとばず、かえって通俗的な出来事、さらには迷惑なものとする見方は、南北朝以後になりますと、かなりはっきりしたかたちで現われてきます。『源威集』は『梅松論』を継承する性格のものといわれ、作者は結城直光かともいわれていますが、このなかに文和四年（一三五五）二月十五日の東寺合戦をのべたあとに、

洛中ノ事ナレハ見物衆五条橋ヲ桟敷トス、勝軍《かちいくさ》成《なり》シカトモ手負打死多カリシ程ニ、諸人愁傷ノ処、不思議ナリシ事ハ、当日終夜清水坂ニ立君袖ヲ列《つらね》テ、座頭琵琶ヲ調参シニ、少々平家語ランズル烏呼《おこ》ノ者モ有シ也、猶咲《おか》シカリシ事ハ、御遣物買物候シ歟、古針買トテ徘徊シ、合戦成ラヌ日ハ御方《みかた》敵、洛中ノ湯屋ニ折合、時々物語過シテ合シ、更ニ無レ煩シ也、辺土田舎ノ軍《いくさ》ニハ其所ニ人跡ヲ不レ留、是ソ都ノ故ト覚《おぼえ》シ（『新撰日本古典文庫』三、三六二頁）。

とあります。文意の不明確なところも少々ありますが、作者の体験談であるところに「文学的」な作品とも異なる価値がありましょう。合戦はたしかに命がけだったのですが、京都の群衆はまるで昨今の警察機動隊とデモ隊との衝突を見物するような有様ですし、夜ともなれば歓楽街が賑わい、休みの日には敵味方が湯屋で語り合う——東国の殺戮と荒廃だけの戦場からきた筆者には、都市民の合戦観がまことに不思議にみえたのでありましょう。たしかに京都では、南北朝動乱もなかばにさしかかった当時としては、合戦はここを先途の真剣味を失って日常化し、戦う者も見る者も気負うほどの出来事でなくなっていたはず

です。

日常化した合戦が人々を感動させるはずはありません。また、従軍する者の品性も低下しひどく俗物化しました。中世後期の合戦は、どれひとつとして英雄叙事詩めいた文学作品を生むこともなく、当事者以外にはまったく迷惑なものになりました。『経覚私要鈔』や『尋尊大僧正記』をみますと、大名・国人らの出陣・合戦や料足賦課について、「奈良の煩、土民の歎」とか「諸人迷惑」などと、あからさまに嫌悪・非難の言葉を記しているのが目につきますが、これは経覚や尋尊が僧侶だったからというだけのことではなかったとおもいます。

武士や合戦についてのこうした見方は、中世の後期になって顕著になったというだけでなく、東国よりは西国にとりわけみなれたもののようにおもわれます。東国では、たしかにひたむきの武勇をよいことのようにみる傾向が、著しいようです。しかし、そうであるにしても、なお全体としてみれば、中世では武勇や合戦を迷惑視する感覚が優越していたのでないでしょうか。ことに庶民の立場になってみれば、いつの時代でも庶民が戦乱を讃美することなど、あるはずがないのです。

中世の人々の生活態度や道徳意識がなによりも武勇を重んじるのであったかのような説が、かなり一面的で偏った観察でないかという私の意見は、以上でほぼ御理解いただけたかと存じます。

四　太平・安穏の願い

さて、それでは中世の人々の日常生活における基本的な態度は、いかように理解すべきものでありましょうか。

一九二六年（大正十五）に発表され、一九三七年（昭和十二）に改版された柳田国男『日本農民史』（『定本』第十六巻）に、つぎのような一節があります。

〔鎌倉武士について〕「将軍家に直属する者を御家人と称することは徳川時代も同じであったが、違う所は彼等も亦平生は在所に還っており、且つその殆ど全部が大名なることであった。多数の小名は有力な附近の御家人に主取りするか、然らざれば静かに農村の生活を送って居た」（一九八頁）。

〔中世の譜第・外様以外の武士は〕「軍陣の事ある際だけに、守護の催促に応じて出てくればよかったのである。田舎に住む地侍の多くは是であった。彼等は常は最も平和なる農業者であり、地主であった」（一九九頁）。

これはおおまかにまとめられた簡単な記述であり、いまからみれば不正確なところもありますが、武士を農村の静かな平和な生活者としての側面からとらえている点で、ひたすら武勇や鍛錬や忠義を強調した前述の諸大家の説と、大いに異なるといわなければなりません。今日の文部省検定の教科書にも、これほどに平和な日常の生産に基調をおいて鎌倉武士の生活史を叙述したものがあるでしょうか。また、そういう記述ではたして検定に合格するでしょうか。ここには、発想に根本的な相違がみられることに、注意しなければなりません。

私は、中世の圧倒的多数の人々が真に念願し、ときに謳歌したものは、武勇でも合戦でもなく、むしろ逆の意味あいをもつ「天下太平（泰平）、国土安穏」ということであったとおもいます。ただあらたまってこういえば、そんなことならわかりきっているといわれるかもしれませんが、やはりそこが問題です。つぎに、そのことを少々説明したいとおもいます。

まず、平凡なことのようですが、中世では太平を求め安穏を願う言葉がどこでも繰返しのべられていたことを、指摘しておきたいとおもいます。

法ハ人ニ依テ弘マル　人ハ法ニ依テ穏イカナリ（一〇七六年〔承保二〕円宗寺修正会教化、『日本歌謡集成』巻四、一八九頁）。

伽藍安穏ニシテ仏法三会ノ暁ニ至シメ　寺中オタイカニシテ諸人快楽ナラシムヘキ者

也ケリ（金沢文庫本『天台大師供作法』教化、『続日本歌謡集成』巻一、二四六頁）。

この種の表現は、神仏への願文・表白の類にはもとより、ありふれた勧進の文言や寄進状にいたるまで、数限りなく見出すことができます。私たちはそれを、あまり実質的な意味のないただのきまり文句とみなしておいてよいでしょうか。

宴曲・謡曲などの祝言が、太平の生を寿ぐ言葉も、これまたありふれたものですが、繰返しそれが行われていた意味を、深く考えてみたいとおもいます。

四海波閑《しづ》かにして、九州風治まり、雨つちくれを犯さず……（『宴曲集』「祝言」、『日本古典文学大系』44、六〇頁）。

嘉辰令月の曇り無き御代に逢ひては、国富み民豊かなり、万歳千秋の風長閑《のどか》なれば、波治まれる時を知る……（『宴曲集』「嘉辰令月」同、六一頁）。

四海波静かにして国も治まる時つ風、枝を鳴さぬみ代なれや……（『謡曲』「高砂」、『日本古典文学大系』40、二二二頁）。

とても治まる国なれば、なかなかなれや、君は舟、君は瑞穂の、国も豊かに治まる代なれば、東夷西戎南蛮北狄の恐れなければ、弓を外《はず》し剣を納め……（『謡曲』「金札」、同、四八頁）。

中世の人々は、なぜかくも泰平・安穏を求めまた謳歌したのでしょうか。それは、安逸をむさぼり怠惰にふける心情のあらわれでしょうか。むろんそうではありません。貴族といわず庶民といわず、中世の社会に生きる者なら程度の差はあれ眼前に見あるいは体験しなければならぬもの、究極は中世の生産力水準と支配関係がもたらす災厄、つまり飢餓・疾病・盗難・自然災害・収奪・戦乱などが、いつも人々の安穏を脅かし、無惨な悲劇的な話題にはこと欠かなかった時代でありました。〝安穏〟は、単に戦乱をまぬがれることよりもはるかにひろくまた根源的な、しかも現実的な願望をこめる言葉であったといわねばなりません。それは、戦争がないという意味での今日の「平和」という語よりも、もっと幅ひろく奥深い意味をもっていました。

安穏が根源的・絶対的価値をもつのに比べれば、武勇は、否定するにせよ肯定するにせよ、相対的な限られた意味しかありませんでした。そして、その意味で、容認される武勇、肯定される武勇というものも、ありえたわけです。すなわち、それは、安穏を守るための武勇であり、このように制御・統制された武勇です。幕府とその下の武士は、それを制度化したものでしたが、したがって、武勇がそれ自体至高のものとされることは理念上も制度上もなかったわけですが、反対に一切の武勇が否定されたのでもなく、限られた意味で是認されていたわけです。

『古今著聞集』第九に「武勇」という項目で説話があつめられています。この「武勇」

がそのまま徳目を意味するものでないことは、収められている話の内容からも明らかですが、この項目の冒頭に、つぎのような記載があります。

武に七徳有り、名を万代に貽すは此道なる事
武者《ハ》、禁《イマシメ》レ暴、戢《オサメ》レ兵、保《タモチ》レ大、定レ功、安レ民、和レ衆、豊《ユタカニス》レ財。是《レ》武《ノ》七徳也。臨二征戦之場一、去二死《ヲ》於一寸一、振二矍鑠之勇一、貽二名於万代一、蓋此道也（『日本古典文学大系』84、二六九頁）。

この「七徳」というのは、七つもの徳をあげて、ほめちぎっているというよりは、「武」の効用を説いているもので、個人としても名誉であり得《とく》ないき方（道）の一つだということでしょう。そして、「七徳」が所詮は安穏をもたらすことに向けられていることも明らかでしょう。

この意味の武勇に関連して注目されるのは、守護神という考え方です。日本の神々も含めて中世仏教にひろくみられる考え方ですが、なかでもとりわけ八幡神が「武」の神として知られています。しかし、とかく強調されるように、八幡神は、手放しで武勇を讃え武力を発揮する神として、信仰されていたのでしょうか。ここでそのことに立入る余裕はありませんが、私は、八幡もまた武勇自体よりは守護ということに重点があったことを、見落すべきではないとおもいます。中世、海賊船を「ばはん」船といったのは――実はこの

語源は明らかでないのですが――倭寇が船に八幡大菩薩の旗を立てたからだという説は、江戸中期以後に立てられたもののようで、このように、ことさらに侵略主義的に曲解する傾向が、いまにまで尾をひいていることに、私たちはこころしなければなりません。

私は、中世の人々が生活、いな生存のために願い求めつづけた最も根源的なものは、安穏でなかったかと考えます。武勇ではなく安穏こそが、この世における至高・無上・究極の価値であっただろうとおもいます。吉川幸次郎博士の『新唐詩選』には、中国文学では戦争はいつでも悪であったという意味のことがのべられてありましたが、兵乱を忌避する思想を私たちは改めて見直してみる必要があります。『徒然草』第八十三段に、

後七日の阿闍梨、武者を集むる事、いつとかや盗人にあひにけるより、宿直人《とのいびと》とて、かくことことしくなりにけり。

一年の相はこの修中のありさまにこそ見ゆるなれば、兵《つわもの》を用ゐんこと、穏かならぬことなり。

とあります。武者を集めておくこと自体が不吉なことだというのです。私たちは、安穏をこの上なく大切にするこのような思想を、ただ無為なままに緊張を欠く、惰弱な偸安の夢をむさぼる態度であるかにみてよいでしょうか。それよりもむしろ反対に、安穏への願望とそのための行動を、倫理・道徳の問題として設定しようともしなかった従来の史観が、

どのようにして生じたかを、反省してみなければならないのでしょうか。

五　仏教の意義

以上のような中世の人々の生活感覚のなかで、仏教はどのような意義あるいは役割を果たしていたでしょうか。

改めて申すまでもなく、仏教は、武勇ではなく安穏を、この生のあるべき姿、願わしい姿として説きました。『法華経』薬草喩品の「現世安穏、後生善処」という句は、神仏への願文や寄進状などにも数限りなく記された、中世ではもっとも一般的に普及していた願望の言葉でした。この願望は、仏教がひろめたというよりは本来人々の生活自体に根ざして生じたものであり、仏教がそれに思考の定型を与えたわけです。中世の仏教の活動はきわめて多方面にわたりますから、その動向を一言でまとめて論ずるなど無謀に近いことではありますが、考えてみれば、究極はそのすべては「現世安穏、後生善処」の一句に帰結するといってよいのが、事実であったと私はおもいます。

このことに関連して、仏教史を研究する者として改めて考え直してみたい若干の問題があります。かつて平泉澄博士は中世では寺社がアジール（避難所）の役割をはたしていたことを興味深く指摘されたことがあります（『中世に於ける社寺と社会との関係』一九二六年）。寺社が、公私の権力や暴力から弱者を庇護する場所になりうる特権をもつことについては、荘園史や社会構成史の観点からはいわゆる不入権に類するものとして理解されていたとおもいますし、近年、網野善彦氏は〝無縁〟〝公界〟というように「非農業民」的な社会のあり方の一形態として説明されました。そのような諸学説の当否やそれをさらに深めることはここでの問題ではありませんが、それはそうとした上で、なおかつ、仏教史研究としては、アジールや特権をたんに慈悲・慈善や社会構成の問題としてでなく、中世社会のなかでの〝安穏〟の実現のための寺社の活動として、積極的に評価し研究をすすめることが、必要かとおもいます。

〝殺生禁断〟ということも、注目してよい大切な問題であります。近年これを、民衆を呪縛し支配する国家的なイデオロギーとして注目する見解が出されていますが（小山靖憲氏・伊藤清郎氏など）重要な問題を含む指摘です。いうまでもなく、殺生禁断は庶民の活動を一方的に禁圧するというよりは、生きとし生けるものの安穏を願う心情に依拠している点に、深刻な性格がみられます。それは、明らかにアジールと共通の側面をもっていますし、他方では放縦豪奢に権力を振るった白河法皇が「善根」を誇示するためにも用いられました。殺生禁断は、安穏を願う庶民の心情がどのような時期どのような状況で、そして思考の論理のどの次元で支配のイデオロギーに利用されるかを考察するための、重要な課題といえます（平雅行「中世的異端の歴史的意義」〈『史林』六三―三〉）。

しかし、それにしても私は、国土安穏・現世安穏の安穏は仏教が外から上から持込んだものではなく、中世社会それ自体が求めたものであったことを、なお強調したいとおもいます。それは、繰返しになりますが、一つには人間的生存の希求という一般的・根本的なものにもとづくわけですが、もう一つには、単純に武力を讃美しない好戦的でないような社会生活、その意味で温和なときには陰湿な社会関係や気風――それは苛烈な支配や搾取がないということではありません――の成立する条件が、ひろく存在したからです。ただ、それにもかかわらず、その社会がもう一方で不可避的に「武勇」を――生産様式論的にいえば「領主制」を――生み出すがゆえに、そのような社会的矛盾についての洞察から、深刻な宿業観・穢土観あるいは末法観・つまりは仏教が要請されてくるということができます。仏教は、中世社会にとってまさに構造上必要なものでありました。

多くの物語や伝説のかたちで中世の人間像を際立たせているドラスティックな思考や行動は、このような構造から生み出されました。多田満仲・源頼義あたりからはじまって文覚・滝口入道・西行それに熊谷直実などの時期を頂点とする、仏教への武士の激情的な帰依は、やはり中世にとって本質的なものであったとおもいます。かれらは、その生まれ育った条件のままの素朴な、つまり無自覚な存在としては「武勇」そのものであるだけに、それだけ〝悪〟〝罪悪〟の「自覚」が強烈なかたちで現われるということは、私たちにも理解できることです。個人的な心得違いや職業の内容に由来する罪悪感の次元のことではありません。かつて、もう三十年ほども前、親鸞の思想の社会的基盤の問題が学界を賑わせたことがありました。いま改めて考えてみれば、もし社会的基盤ということを論ずるなら、そのためには職業的行為についての勧善懲悪的な罪悪意識論ではなく、また、武士あるいは商人など特定の階級を措定することでもなく、全社会的な構造がもつ避け難い矛盾がもたらす深刻な宿業観こそ、正面に据えるべきでありましょう。道徳的な罪悪でなく宗教的な「宿業」という自覚が、このような状況においては、最もふさわしく人々をとらえたと考えられるからです。

それでは、仏教はいつでも武勇を斥け安穏を説くことに徹していたでしょうか。もとよりそうではありません。周知のように、衆徒がみずから武装して武士または他の寺社と抗争することもありましたし、その類のことを「魔仏一如」などという詭弁に近似した論理で正当化したりもしました。武士の教化からさらに菩提をとむらい、ついに武運長久の祈願もしました。それはいずれにしても、領主制――武士のみならず衆徒もまた無関係ではないのですが――のような〝不可避的存在としての武勇〟や、幕府のような〝肯定される武勇〃という時代的背景のもとで出現したことにはちがいないのですが、その際いつでも、たとえば本覚法門とか禅の得悟とか諸種の教理論的基礎が用意されていたことに注目する必要があります。そして、そのような論理の操作を分析することもまた、仏教史研究の対象として回避すべきではないと、私はおもいます。

もとより、それにもまして重要なのは、仏教が、安穏をひろめ築く運動にさまざまにかかわっていた事実です。それにもいろいろな現われ方があり、時代による相違もあります。まず大きなうねりをなしているのは、鎌倉時代の仏教革新運動でありましょう。この運動には、むろん各派それぞれの特色がありますが、私は、その共通の特色として前時代の「欣求浄土」という基調から現世の生活の肯定への回帰を挙げることができるとおもいます。親鸞の念仏は「世のなか安穏なれ、仏法ひろまれ」(『御消息集』第七通)との願いにおのずからひろがるものであったし、日蓮の唱題はひたすら「立正安国」を念ずるものでありました。貞慶・高弁・叡尊らの庶民教化も、むろん「現世安穏」のための運動でありました。それがどれだけ現実の不安や不幸を解決しえたかについては、もとより種々の評価はありましょうが、単に教義上の改革ではなく、「安穏」を求める全社会的な運動の興隆ともいうべき意義をもつことだけは、誰もが認めることではないでしょうか。

中世の後期に大小さまざまなかたちで頻発した農民・都市民・国人などの一揆に安穏を

求める側面がみられ、それに仏教がかかわることが多かったことにも、注意しておきたいとおもいます。一揆を不逞の下層民の暴力行為とのみみなすような古めかしい見方については、ここでは論外としますが、動機はともあれ一揆は階級闘争における直接的武力行使を伴う集団行動と理解する今日の通念からみれば、安穏という言葉にはいかにもそぐわないようにおもわれるかもしれません。けれども、「荘家の一揆」にしても荘民生活の安穏を要求してのものであることは明らかであり、徳政一揆にしても「徳政」という語に含まれる本来的秩序の回復という中世的感覚——これについては近年笠松宏至氏が興味深く指摘していますーーにみられるように、根底に生活の安穏への願望をこめています。一揆は、合戦だけがその行動形態でもなければ、武勇の発揮を本旨とするものでもなかったわけです。山城国一揆なども、いかにも大規模な革命的な権力闘争であるかにもいわれ、事実結果としては幕府・守護権力の直接支配は一時期後退したわけですが、一揆の基本的性格は、その要求項目にもあるように両畠山軍の撤退など、地元民からいえば「諸人の迷惑」を排除して生活の安穏を求めるものでありました。

「百姓の持ちたる国」といわれた加賀をはじめとする各地の一向一揆についても、同様にいうことができます。一向一揆の内部には複雑な矛盾があり、守護と荘園本所の支配に対する反抗の要素もあれば小領主の地域的封建支配への野望の要素もあって、研究史上にいろいろの見解がみられることは、周知のところです。しかし、最も大切なことは、農民層を基礎とする幅広い地域住民のなかに平穏な生活を築こうとする活発な動きがみなぎっており、またその実現の可能性が現実にあったことです。それに比べて、一揆の本質を反封建闘争とみるかそれとも封建支配確立過程とみるかという二者択一の問題設定は、広範な一揆衆の真情とはかえって隔りのあるものとおもわれ、事実、社会構成史的な発展段階からみてもどちらも現実的でなかろうとおもいます。中世の人々の安穏を願う気持は単に精神的な希求にとどまるものでなく、平穏な生活の場を構築しようという行動となって発展すること、一向一揆もまたその本質においてそういう性格をもつこと――私が申したいのはそのことです。寺内町という、限られたものながら住民の自由と平和をもつ生活空間が、巨大な大名権力に蹂躙されなかった畿内で成立したのは、その証しであります。むろん、一向一揆の複雑な実態についてみれば、仏説からも安穏からも遠く隔った現象をいくらでも列挙することはできますが、なおかつ私は、一向一揆もまた中世の「安穏」への仏教のかかわり方の一つであったと考えます。

以上、駄弁を弄しましたところを簡単にまとめて、私の話を終りにしたいとおもいます。

第一に、中世の人々にとって安穏ということがいかなる意味をもっていたかを、考え直してみる必要がないかということ。

第二に、中世を武士の時代、武勇の社会ととらえてこれに新仏教を対応させて理解する従来の定型的な見方を正し、そのような見方の根元を考え直すこと。

第三に、右の二つのことは、いちおう別個の問題ではあるが、こうした欠陥を生んだ共通の原因があるとおもわれること。

第四に、このような反省の上に、中世仏教の役割をとらえ直し、その真面目を新たに追求する試みが必要でないかということ。

長時間の御清聴を感謝いたします。

Ⅳ

「中世」の意味——社会構成史的考察を中心に

はじめに

日本の中世という時代は、全体としてどういう時代であっただろうか。この問いは、歴史を学ぶ際の最も初歩的認識の一つであるはずでありながら、実は中世史研究の究極にいたってもなお、おそらく解答困難な問題であろう。そこでここでは、まず、今日ではすでに慣用化し無反省にさえ使われている「中世」という言葉にどういう意味があるのか、つぎに、その日本の中世の本質をめぐって社会構成史的方法にもとづく諸学説がどのように対立し、そのなかでどのような共通の認識が生まれてきたかを略述し、最近の新しい研究動向にふれてみたい。

一 「中世」概念の適用

日本の歴史についての三区分法の意味で「中世」という区分を設定する見方は、古くからあった。「上代」「いにしえ」に対して「中ごろ」「中つ世」といい、そして「近代」「いま」という呼び名がそれであるが、近代歴史学が成立してからのものとしては、明治三十九年（一九〇六）刊行された原勝郎『日本中世史』が、明確な時代区分概念として「中世史」を積極的に掲げた最初のものとされる。原はここで平安時代文化の混乱と衰退を説き、武士の登場から鎌倉幕府の成立にいたるみちすじに「中世史」のはじまりをみている。そこでは、神武天皇にはじまる天皇統治の時代――武家の政権横奪の時代――王政復古の時代という天皇中心史観や武士道を質朴新鮮な精神文化として賞揚する感覚も濃厚にみられるとはいえ、平安時代をローマ帝政末期に対比し、東国武士社会をタキトゥスの『ゲルマニア』の記述に比較し、かつ中世を「暗黒時代」とみる常識にふれるなど、明らかに西欧の中世を意識してそれとの対比を学問の方法としながら、叙述がすすめられていた。そしてこのようにして設定された中世のはじまりは、やはりそのころ刊行された内田銀蔵の『日本近世史』（一九〇三年）が江戸時代を「近世」としていることとあいまって、「中世」

の終わりを戦国末とする時代区分を確立したのである。

このように、日本の近代歴史学の成立とともに成立した「中世」の概念は、西欧中世との対比の意味を含むことがその一つの特色であった。そして、それはその後も研究の進展のなかで、客観的にもたしかに認められる日本中世と西欧中世との近似性に支えられて、さまざまな角度——法制的・社会経済的・文化的等々の——から確認されていった。というより、むしろそうした類似の側面が目標として追究されていったのである。それは力を尽くし矛盾を糊塗してまで自己を西欧に似せなければならなかった明治以後の日本の宿命が、学問に反映した一つの姿でもあった。だが、たとい「中世」概念の日本の歴史への適用になにほどの無理があったにしても、そこには鎌倉時代・室町時代等々の単純な政治史的時代区分法を超えて、日本史の研究に世界史的視野を呼びおこすものがあったことが重要である。天皇中心史観による「三区分」の中間段階がこの中世と重複するということはあったにしても、単純な政治史観とは異なり、文化的・社会的な共通性にもとづいて時代を把握するという観点がそこにあった。つまりこうして、「中世」概念を使用することはつねになにがしかは近代歴史学たる保証を意味することとなったのである。

けれども、日本の中世が世界史における中世と学問的におのずから通ずるとおもわれた幸福な時代は、やがて終わった。そもそも西欧ではじまった近代歴史学において——というよりそれを受容した日本での理解において――、中世という概念にはいくつかの異なる意味があった。まず、それは単に三区分法の中間段階を意味した。つぎに、それは西欧の歴史の一時期における社会や文化のありようを意味する中世――啓蒙主義者が「暗黒時代」と呼んだような――であり、それゆえにすなわち世界史に普遍的な文明の一段階を意味するとみなされた。さらに、またそれは法制的・政治的なあるいは社会経済的な意味での封建制の時代を意味した。例を他の分野にとれば、わが国の中国史研究において、どの段階を「中世」とみるかという長年にわたる見解の対立は、はじめはどちらかといえば第二の意味で、近年はむしろ第三の意味で、論じられている。そして最後に、各国・各民族の歴史について適宜に「中世」を設定することも行われた。インドの歴史においてイスラムの支配時代が中世とされ、ササン朝ペルシャが中世ペルシャと呼ばれ、東欧の国々にも東南アジアの諸民族にもそれぞれ「中世」がいわれているように。それは一応は三区分法的な意味にもとれるが、それよりも各国・各民族の歴史には王朝や文化の興亡などの特有の組み合わせから独特の一段階が成立することがあるためである。ところが、もともと「中世」という普遍的概念＝実体の諸側面とみられていたこの諸々の意味が、こうして実際に普遍的に適用されてみると、次第次第に乖離し対立的とさえなって、日本の「中世」はそのいずれに相当する概念であるのか、その真義を厳しく問われることになったのである。

二　日本の「中世」

「中世」概念がこのように分裂しはじめると、日本の中世ということを、もともとこの概念の典拠であった西欧の中世にもたれかかって論ずることがやがて不可能になってきた。われわれの国際関係や社会問題への態度が変化して、そういう立論の仕方では満足できなくなったという事情がその背景にあったからでもあるが、学問的な次元でいえば、それは、日本の歴史およびヨーロッパ史についての知見がかなり豊富になり、世界の諸民族の多彩な歴史についても漸く認識が深まってきたことによるものであった。

それでは、日本の歴史についての「中世」という時代区分が雲散霧消したのかというと、そうではない。かれこれ疑問が出されながらも、歴史家の感覚からは適切にみえるものがあったためか、慣用的なあいまいさを多分にのこしたままで定着し、それなりに固有の実態的意味を帯びるようになってきた。そして、いまやそれは容易に廃止さるべくもなく、また必ずしも無意味な存在でもないのである。したがって、いまわれわれが改めて日本の「中世」についての規定を問い直すとすれば、それは普遍的概念としての中世ではなくむしろ「日本なりの中世」ともいうべき範疇であり、そういうものとして措定することが避けられなくなっているのである。

もちろん日本なりの中世とはいっても、それは学問的普遍性と科学的認識態度とを放棄するものであってはならない。そして、いまでも中世という時代概念を使う歴史家は、なんらかの本質的な特色において世界史的普遍概念としての中世に通ずるものがあることを念頭におき、その見通しを理論的に確立したいというひそかな念願を抱いているのである。だがこれは、手続き上なかなかの難問である。そのような日本なりの中世という内容を概念的に規定するためにはまず実際の時代の範囲を限定しておく必要があるが、その時代範囲の限定にはあらかじめなんらかの概念的規定がなければならないというジレンマがそこにある。また、日本の「古代」および「近世」をどのように理解し時代概念として設定するかによっても、中世のはじめと終わりの時点や区分の意義は異なったものとなろう。そして日本にどのような意味で「古代」や「近世」を設定するかは、われわれが世界史をどのような構造をもつものとして理解するかに深くかかわっているが、逆に、世界史の構造を把握する作業に参加するために日本の中世が総体的に理解されなければならないという事情にもある。すなわち、与えられた基準によってではなしに客観性ある自己認識の方法を確立することが、ここに要請されてくるのである。

このように、日本の「中世」という時代概念には単なる慣用以上の複雑な内容があるわけであるが、それでは中世とされる時代の実際の特色は、どのように理解されていたのであろうか。

すでに明治年代、日本の歴史に中世という概念を適用したころから、その中世を通じての特色を示す時代の特徴的事象が種々指摘されてきた。それは政治史の面では、武家政治の成立・存続（ただし町人の台頭など新たな要素が顕著な近世を除いて）や公武の対立、打ち続く戦乱などが挙げられ、社会史・経済史の面では荘園制度、封建的主従関係（武家社会）、武士の在地性、商工業の座など、また文化史の面では宗教の優勢、絶対否定の論理、さらに激情・質朴・ロマンの心情等々が指摘され、それなりに中世の全体像が浮き出され、彩られ、その認識が深められたのであった。これらの特徴づけは、いまからみればどれもおおまかなものであり不正確でもあって、いわば初歩的・現象的な認識にすぎないが、しかし、初歩的なりに一定の有効性をもったことは疑いないところであり、かつ今後もこのように現象面での特徴的事象に注目することは時代認識に有効な役割を果たすだろう。たとえば一族・党などの武士団や荘・名《みょう》・座などのような制度ないし秩序感覚は、それぞれ一定の配慮を加えるかぎりでは、いずれも全中世を通じての、また中世に特有の、そして中世の基本的性格に関連する事象であり、また「僧兵」・聖《ひじり》・本覚《ほんがく》思想あるいは軍記・連歌なども、やはり一定の限定の範囲ではすぐれて中世的なものといえるのであるから、そうしたもののいずれかについて理解を深めることは、中世の基本的性格に接近する一つの途たりうるのである。

しかしながら、そうした現象面での特徴的事象の把握だけで、中世の基本的特質の規定にいたることができないのは明らかである。かつてそのような性格の名文や深い洞察が数多く発表されて、中世がかなり鮮やかな彩りでうつし出されたことがあるのも事実であるが、所詮それらは時代のすべてを基本的に規定する論理を提示するものではなかったし、そのようなものとして論争を呼ぶこともなかったのである。戦前において時代の規定について論議を生んだただ一つの分野は、社会構成に関する諸研究であった。早川二郎は奈良時代・平安時代をアジア的封建主義の時代、鎌倉・南北朝時代を典型的封建主義の完成時代、室町時代を商業資本の発生及び発展の時代、戦国・安土桃山時代を封建制度再編成の時代として、要するに中世に相当する時代を「典型的封建主義」の支配的な段階ととらえた（『日本歴史読本』一九三七年）。これは中村吉治の、日本の封建社会はまず荘園の発達を基礎に成立し封建的な政権として鎌倉幕府を成立させたが、やがて戦国時代を境に大名領的なものへと基本的な制度の変化をみせたとする「封建制再編成」説（『日本封建制再編成史』一九三九年、『封建社会』一九四三年）と、中世に関するかぎり近似している。だがこれに対し、清水三男は中世社会を特色づける鍵を「名」に見出そうとして研究をすすめていたし（『日本中世の村落』一九四二年）、松本新八郎は、古代家族的本質をもつ名田経営が解体する南北朝期ごろから封建的小農民による郷村制が成立発展するという展望を固めつつあった（「名田経営の成立」一九四二年、のち『中世社会の研究』一九五六年、所収）。これらの見解にはかなり大幅な鋭い差異はあったが、しかし、いずれも現象的な特徴的事象の指摘や列挙ではなく、時代の基本的特質の規定を志向するものであった。だがこれらの研究の流れは、太平洋戦争によっていったん断絶せざるをえなかった。戦後の中世史研究は、そのような戦前の状況のあと改めて再出発し、すでに三十数年を経るなかでかつての成果を飛躍的に発展させた。したがって、中世社会の特質に関する学説も、今日では格段に精細かつ多彩になっているのである。

三　戦後の諸学説

「中世」の特色をどのように把握するかは、研究にあたっての最初の関心事でなければならないが、その厳密な規定は研究の結論ともなるべき最大の難問である。当然それにはいろいろな説があり、ことに日本「中世」については多様な説が成立する理由があった。

それだけに、そのような時代全体の基本的性格を論じた諸学説を整理してみることは、時代の特色を理解するひとつの方途でもある。しかしその整理自体がまた、ひとによってさまざまでありうる。ここでもその意味での一私見にすぎないが、戦後の諸学説のうち特徴的とみられる若干のものを挙げてみたい。

1　領主制理論

戦後の中世史研究の出発点に大きく位置を占め、かつその後の主流的傾向を代表するものは、「領主制」の理論である。

石母田正は敗戦の翌年（一九四六年）発表された『中世的世界の形成』で、東大寺領伊賀国黒田荘で展開された平安中期から室町末期にいたる歴史を叙述した。この書物に叙述された「中世的世界の形成」とは、「中世の敗北」「古代の再建」などの章名が示すように、東国では粗野ながら若々しい新天地が展開しつつあったのに、奈良に近い黒田荘においては、古代を代表する東大寺と中世の担い手である在地武士団や農民とが最後まで闘いつづけざるをえなかった苦難の途を意味していた。つまり日本の中世の歴史は、滅ぶべくして滅びない古代と真の中世との相克の歴史であったのである。むろん、そこで時代を代表するものは〝真の中世〟であるには違いないが、これは端折っていえば「中世とは古代と中世とのたたかいの時代」と特徴づけることのできる見方であり、したがって、中世という語が現実の時代としての中世と真の中世との二通りに使い分けられていたことになる。具体的には、律令制以来の公家・寺社・荘園領主などが古代的勢力であり、幕府・武士・在地領主が中世的勢力であるとみなされたわけである。だが、これは石母田ひとりの見解でなく、戦前一般に中世という時代を、一方では公武の二元的対立の時代とみるとともに他方では武家政治と封建制度の時代と説いていたこととも通ずる、かなり広範な背景をもつ見方であることに注意しておきたい。

ついで石母田は、この〝真の中世〟の担い手を表現するために「領主制」という概念を設定した。領主制とは、概念的に要約すれば、中世的世界を創出する歴史的役割をもつところの「古代社会内部において存在する封建的ウクラード」(「古代末期の政治過程および政治形態」一九五〇年、のち『古代末期政治史序説』一九五六年、所収)であり、領主が自立経営をもつ農民から地代を収取する封建的生産様式の原基的形態であるが、しかも抽象的・一般的な理論範疇でなく歴史的概念として措定されたものである。具体的にいえば、それは公家や寺社が名主・百姓を支配する荘園制のことでなく、農村に館を構え所領と農民を直接に掌握していた武士＝在地領主の支配と経営のことであり、現実には時期や地域の諸条件により三つの基本的な類型――田堵《たと》・名主的な地主層、地頭的領主層、豪族的領主層

——がみられるとした。したがって領主制とは、封建的生産様式自体を表わす概念であっただけでなく、それを設定することによって、時代としての中世の内部構造をとらえ、その歴史的性格を把握する方法でもあったのである。

『中世的世界の形成』は、叙述の文学的魅力ともあいまって多くの研究者に決定的な影響を与え、以後、中世の社会と歴史を構造的に把握しようとする研究者に一定の方向を示す理論となった。実際それは多数の研究者に研究の展望を与え、領主制として把握するにふさわしい数多の事実がひろく見出され、さらに政治・文化の諸現象の理解にも適用されて、中世史研究は著しい進展をみせた。その結果、具体的な中世史像としては、まず地頭的領主層を代表とする鎌倉時代の領主制から室町時代の守護領国制へという展望が、中世史の基軸に設定された。のち室町・戦国期については守護領国制でなく国人《こくじん》領主制あるいは大名領国制が基本とみなされるようになったが、いずれにしても、このような領主制の発展を土台とみる立場が確立した。この立場からすれば中世史の構図の基本にすえられる政治支配体制は、鎌倉幕府から室町幕府へという展開で示され、したがって、中世史像はそのようなどちらかといえば武士階級の発展史という色彩を濃厚にもつものとして、構成されることになった。

けれども、領主制の理論にもとづいて中世史を展望するについては、そこに、現実認識にとって一種の制約ともいうべき理論的前提が設けられていたことに、注意しなければならない。すなわちそこでは、第一に直接生産者の奴隷から農奴への進化が日本の古代から中世への転換の基調として設定されていたこと、第二に領主制は、本来奴隷制的性格をもっていた大経営から出発してそれから脱皮した（しかし歴史的形態としての「領主制」では奴隷制的な要素をのこしている）直接経営を中核に、構成されるとしていること、第三に、この領主制（したがって歴史的形態としての「領主制」も）こそが、奴隷から農奴への進歩そして真の中世の成立のための「唯一の途」であるとみられていること、などがその特徴として指摘できるのである。領主制理論についての批判は、やがてこれらの点をめぐって起こってきたのである。

2　南北朝期封建革命説

石母田が領主制理論を展開したころ、松本新八郎は南北朝内乱を「封建革命」つまり古代社会から封建社会への革命的発展による内乱とみる見解を提唱した（「南北朝内乱の諸前提」一九四七年、「中世末期の社会的変動」一九四八年、いずれものち『中世社会の研究』前掲、所収）。この説によれば、戦前の「国史」教育において武家政治の時代のただなかに天皇への忠誠と叛逆とがたたかわれたとされた建武中興と吉野朝の時代が、実は革命的高揚の時代であったわけであるが、それとともに「中世」は前期＝鎌倉時代と後期＝室町・戦国時代とに明瞭に区分されることになった。

松本によれば、平安時代から鎌倉時代へかけて社会を支えていたのは、「名田経営」として把握できるところの古代家族的・家父長制的本質をもつ大経営であり、本質的には奴隷制的な性格のものであった。しかし、鎌倉末期以後その内部から小農民が自立しはじめ、室町期にいたって小農民の自立が一般的となって彼らの村落結合＝郷村制がひろく展開する。荘園制の衰退と鎌倉幕府の滅亡・室町幕府の成立は、この「革命」的な社会変動によるとされる。

松本のこの見解は、さまざまな形でみられる中世の前期と後期との相違を社会の発展段階の差にもとづく決定的なものとみなすもので、ここでは領主制ではなく封建的小農民の成長と自立が、発展段階を規定する基準におかれている。そしてさらにその自立の達成の度合いによって社会は次第に「純粋封建制」へ、「封建制確立」へと進展するという観点が示され、そのようにして近世封建制＝幕府体制にいたる道すじが展望される。この観点においては、歴史の担い手はあくまで農民であり、農民こそが歴史を推進する立場にあるものとされて、その内部の複雑な連合や分裂が政治と社会の動向を決定するものとされる。それは、松本の南北朝内乱における諸階層の動向の分析に最もよく現われていたので、この時期についての研究は一時かなり盛んになった。

土一揆の研究をした鈴木良一もまた、農民の自立と闘争の発展を基軸にすえる方法をとっていたが、鈴木はその観点から、領主制理論では所詮は武士＝在地領主が歴史の主役の座を占めるかにみえる点をきびしく指摘した。また中世後期において土一揆の上層部が闘争の発展のなかで下層農民を「裏切り」、農民が「敗北」して幕藩体制が準備されていくという展望でもって、「純粋封建制」成立過程をとらえた（「純粋封建制成立における農民闘争」『社会構成史体系』1、一九四九年）。ここでは領主層が歴史の進歩的な担い手として描かれることはついになかった。

領主制理論は、もともと封建的小農民の自立ということ自体を無視あるいは軽視する意図をもつものではない。しかしながら現実には、領主制理論と封建的小農民論とも名づくべき立場とがそれぞれ提示する中世史の構図には、かなりの相違があった。封建的小農民論においては、支配秩序や権力編成の特質・推移をとらえる方法上の手掛かりが明らかでない傾きがあるが、南北朝期前後から一切の伝統的権威が凋落しはじめて民衆の自由な息吹きが躍動する状況が、生彩をもって描き出されたことはたしかであり、ひいては中世は民衆の時代としてとらえられることになる。

また永原慶二は、領主制理論と同じく在地領主が平安末期以来歴史の展開に果たした積極的役割を認めるとともに、封建的小農民層の成立の状況を検討して、平安末期・鎌倉期は総体的奴隷制社会から農奴制社会への移行期における「過渡的経営体」たる「名」が農民の経営の基本形態であった段階であり、これを基礎に荘園領主と在地領主が一定の支配を形づくっていた「荘園制社会」であるが、南北朝期前後から小農民の自立がすすみ、荘園制社会の秩序が解体して、新たに地域的封建権力として国人の領主制、さらに戦国大名の領国支配が成立すると説く。このようにして、中世の前期と後期は、松本説のように「封建革命」によって区分されるのではないが、「荘園制社会」と「大名領国制」という異なる段階として、明確に区分される。そして日本の封建社会は、(1)「初期封建制」の時期――鎌倉時代、(2)「発達した封建制」の第一期――南北朝から室町・戦国時代、(3)「発達した封建制」の第二期および「後期封建制」（あるいは封建制の解体期）――織豊政権・幕藩体制の成立より幕末維新までの三時期に区分され、中世はこの(1)(2)の時期とされるのである（『日本の中世社会』一九六八年）。

3 「中世」＝家父長的奴隷制論

封建社会における直接生産者の一般形態と考えられる封建的小農民（経済的範疇としての〈広義の〉農奴）の特徴は、封建領主の支配下でその家族労働力によって自己の小経営の自立を維持していることにあるとされる。もしそうでなく、領主または他の有力者に扶養されて生計を維持しているのであれば、それは自立経営ではないし、反対に、自分の経営のなかに多数の隷属的な扶養労働力を抱えこんでいるのであれば、それは奴隷主または農奴主の大経営というべきであって、そのどちらかのような農民経営が一般的・支配的に存在するのであるならば、それは封建的小農民を基礎とした封建社会とはいえないわけである。ここから封建的小農民＝農奴の家族形態の究極の典型的なかたちは単婚小家族でなければならないとする説が成立してくる。

安良城盛昭は、太閤検地以前の中世を「荘園制社会」ととらえ、当時の荘園史研究の水準に依拠して、基底をなすものは「名」と呼ばれる経営単位であったとした。彼によれば、「名」は単婚小家族の経営体ではなくむしろ家父長的奴隷制を本質とするものであって、しかも、松本らの主張にもかかわらず実は戦国時代までも支配の基礎はこの「名」＝家父長的奴隷制におかれていたという。したがって、中世は全時期を通じて基本的に家父長的奴隷制の段階にあったとされ、それは太閤検地の一地一作人の原則と「作合い」否定とによってはじめて廃絶されて、ここにはじめて農奴制＝封建制が体制的に成立したと説く（「太閤検地の歴史的前提」一九五三年、のち『幕藩体制社会の成立と構造』一九五九年、所収）。つまりこの説は、日本の中世がなんらかの意味でヨーロッパ中世に近似的でありその意味でともかくも封建的であるとみなしてきた明治以来の一切の説に、挑戦するものであった。

安良城の主張は、農奴＝単婚小家族説という封建的小農民に関する一種の極論にもとづいているといえるが、注目しなければならないのは、そうした理論上の規定よりも、中世を通じてたしかに強固に存続した家父長制的・同族的あるいは小共同体的な諸関係と、下層農民の自立性の不確かさについて、厳しい指摘をしたことである。それは、客観的にはすでに戦前から種々に論じられていた「いえ」制度や地主制・同族結合など、日本社会の伝統的な特質とされた問題が、学問的には依然未解決の問題であることを、指摘したものということができるわけで、安良城説の特徴はそれを奴隷制的なものと規定した点にあった。それゆえ、結局は中世が一種の封建社会であると反論するにしてもなお西欧封建制との安直な類比論が成立しないことを指摘した性格のものであったのである。実際その後の研究では、中世の村落構造や労働編成において家父長制的あるいは小共同体的な諸関係が濃厚にみられ自立性の薄弱な弱小農民も広範に存在した実態が、戦前清水三男や有賀喜左衛門らが考えていたよりもはるかに精彩あるかたちで明らかにされたし、それゆえにまた安良城の観点は、抽象的・仮説的提言ながらも中世を一種アジア的な特質をもつ「国家的奴隷制」の解体過程の段階とし、近世を「国家的農奴制」の段階とみなす説（山口啓二・佐々木潤之介『幕藩体制』一九七一年）に継承されているのである。

中世にたしかに濃厚にある「前封建的」なもの、古典的な封建制＝農奴制概念では説明できないもの、古代アジア的専制国家の数々の刻印——これらはいまも日本中世の基本的性格についての最大の論点なのである。

4　荘園制＝封建制説

右の「中世」＝家父長的奴隷制段階説に対し、中世史研究者のあいだには、やはり中世社会は封建的であるとする見解が根強い。おそらくそれは、社会・政治・文化のさまざまな側面についての歴史家の直観的な判断にもとづくものであろう。けれども、そのことを改めて積極的に主張するについては、決定的な意味をもつ論点についてそれを論証する必要があるわけである。そして、そういうものとして新たな展開がみられたのは、領主制理論以来「古代的」とみなされていた中世の荘園制支配をむしろ封建的であるとする説であった。

そのような主張は、大別して二つの立場からなされている。その一つは、領主制理論の再検討・再構成から出発した戸田芳実（『日本領主制成立史の研究』一九六七年）、河音能平（『中世封建制成立史論』一九七一年）その他の説である。その立論に若干の相違はあるがあえて概括すれば、(1)在地領主の直接経営の労働力たる下人《げにん》・所従《しょじゅう》に農奴的性格を認め、(2)

その領主が、国衙などの国家公権や荘官的地位を利用しながら、本来古代専制国家の支配のもとから「小経営生産様式」として自立してきた農民を「封建的隷属民」として隷属させていく点に、「領主制」の内容と役割とを評価しなおし、(3)他方で荘園領主の収取については、小経営農民の自立保持の闘争を利用して受動的に「封建的隷属民」支配を基調とするものに転化してゆく、とされる。ここでは在地領主の支配の本質は明白に農奴制的なものとみなされ、それを推進力として平安後期には社会は少なくとも封建的構成への過渡的なものになる、とみなされる。そこで中世は、すでにそのように基本的に封建的である社会において諸階級・諸勢力の矛盾・葛藤が展開する場ととらえられ、さらに前述のような農民層の複雑な形成過程や公武支配層の錯雑した関係による農民闘争と権力闘争の多彩な状態が追求され、そのなかで、支配秩序の共通の基盤として「公田」や「職《しき》」の役割に新しく照明があてられているのである。

いま一つは、領主制を媒介とするのでなく、古代末期における農民層のなかでの自立小経営の形成がなしくずしに封建的大土地所有としての荘園制的支配を成立させたとする私の見解である（「荘園制社会」黒田俊雄著作集第五巻、Ⅱ荘園制社会論）。私見では、九―十世紀の田堵《たと》は封建的小農民自立への道程という性格をもつもので、古代専制国家の支配体制から封建的な私的大土地所有と小農民経営が成立する特殊日本的な形態としては、荘園領主（本所）と「百姓」との支配関係（荘園制）こそが基本的なものであり、在地領主の「領主制」は政治的・社会的にいかに重要であるとはいえ、荘園制に対して副次的なものとして出現し、中世の「荘園制社会」の構成要素となっているものである。そして、このような封建化の特色から、農民層の自立にはたしかに不徹底な点が多々あってその構成は重層的で複雑な様相をみせており、また社会・国家の体制としては、私的・人格的隷属関係よりは公的・階層的支配関係が優越して「種姓」的身分秩序をなし、公家・武家・寺家など諸々の「権門」が、荘園を支配する私的門閥的組織としては矛盾対立をみせながらも相互補完的に国家権力を分掌していたと考える（同著作集第一巻、I権門体制論の提起と展開）。このように、西欧の封建社会に近似するとされる「領主制」や幕府体制よりは、「荘園制」と権門体制こそが日本中世の特質であり、それはむろん時代の推移とともに変化し武家勢力が優越してくるが、ともかくもこのような特質が中世の末期まで存続したとみるのである。

さて、この二つの見解は、荘園制を封建的支配関係とみる点では共通しており、その結論だけからみればともに領主制理論の主張とも家父長的奴隷制論の主張とも異なっている。けれども、その論理についてみれば、前者は領主制理論の系列に属するものであり、後者はむしろ家父長的奴隷制論に共通する面をもっている。そのことは中世を中世たらしめている基調を結局は領主制の発展にみるか、それとも荘園制の展開にみるかの相違となって現われている。二つの立場は表面的な類似にもかかわらず、決定的に異なる中世史像を提示しているとさえいえるのである。

四　全般的な特徴

社会構成史的な方法による戦後の主要な諸学説について、その主張の特徴的な側面を拾い出してみると、それぞれの「中世」像にかなり著しい差があることにいまさら驚かされるほどであるが、そのような諸説対立の学説史を形成した日本中世史研究は、現段階ではどうなっているだろうか。それについての立ち入った整理は別稿にゆずらなければならないが（「中世史研究と生産様式論」『現実のなかの歴史学』一九七七年）、ここでは全般的な特徴について、若干の点を指摘しておきたい。

戦前・戦後の諸学説を通覧してみると、学説史を貫く問題意識に独特の傾向ともいえるものを見出すことができる。その傾向とは、第一に歴史のなかに日本の先進性あるいは後進性をたしかめようとする意識である。前述のようにすでに明治に「中世」の概念を採用したときヨーロッパと対比する意味があったが、大正・昭和初年に法制史・社会経済史・

文化史が勃興したときもその封建制ないしは中世の概念は例外なくヨーロッパのそれを意識しそれとの比較を念頭においたものであった。ただ皇国史観のみがそれを拒絶し独善的な立場を強調したわけだが、これはいわばその「反動」的な形態であったわけである。また、戦後の諸学説も同様であって、領主制理論系では一方で日本の古代的専制支配のなかから中世が成立することの困難さ（後進性）をいうとともに他方でアジアの諸民族の「停滞」状態に比較して日本が「脱アジア」（先進性）を達成したことを指摘した（戸田芳実「日本封建制成立史研究とアジア的社会構成の問題」『歴史評論』一三三号）。「中世」＝家父長的奴隷制論系の諸説が中世社会の深部に滞留しているアジア的後進性のよどみを執拗に追いつづけていることはいうまでもない（芝原拓自『所有と生産様式の歴史理論』一九七二年）。そして、所詮このような発想は、日本の近代が負わされた宿命であり、中世史研究だけでなく日本の歴史学全般に不可避的な傾向でさえあったと考えられるのである。

第二にそのような事情から、さきに挙げた諸学説にみるように、学説史においてつねに発展段階規定と封建制概念の定義とが論議された。いうまでもなくそれは、先進性・後進性を論ずる尺度だからである。しかし、同時にそれは、先進・後進の評価を離れてそれ自体科学的探究の課題となりうるものであって、そのことは先進・後進の課題が主観的論議に終始するのでなく客観的認識態度を維持する保証をかちとっていたこと、さらに歴史学が社会科学として発展することに寄与したことを、示すものである。

第三に「アジア的社会構成」という問題もまた、このようななかで提起され追究されるようになった課題である。先進性・後進性の論議のなかから、かつて世界史的な発展の基準とみられていた西欧的な形態や展開と異なる日本ないしアジアの特殊的なかたちがありうるのではないかという発想が現われ、そういった意味でいわゆるアジア的生産様式論が、戦前と戦後の二度にわたって論じられた。けれども、アジア的生産様式論は、直接には原始・古代の領域に関するものであったため、封建制の日本的ないしはアジア的特殊形態についてては、アジア的生産様式に発し後の段階にも形態的な規制としてひきつがれる社会構成上の特質という意味で、アジア的社会構成の問題として論じられることになった。いわばそれは、発展段階規定と封建制概念規定を、西欧的基準を離れた世界史の次元で改めて問い直す作業であり、もはや先進か後進かではなく世界史における諸民族の積極的役割という構図のなかに、日本の歴史を位置づけるものなのである（「日本中世の封建制の特質」黒田俊雄著作集第五巻、Ⅲ荘園制とアジア的社会構成）。

けれども、日本中世史の研究分野で、いつもこうした問題意識がそのままのかたちで研究または論議されているわけではない。だいたいそれは、日本中世史研究の範囲をこえる歴史学全般ないし社会科学一般にかかわる問題であるし、中世史研究者としては、日本中世の具体的事実の探究を通じてのみ、そのような問題への寄与もありうるのである。まして日本中世についての実際の研究課題は、むろん右のような問題意識にのみ限定されているのではなく、はるかに多様である。

すなわち、今日の研究分野をごくおおまかに分類してみても、(1)中世にみられた基本的および副次的・派生的なさまざまな生産様式や共同体についての研究、(2)荘園・公領における土地制度史や村落構造についての研究、(3)手工業技術や商工業者の組織など社会的分業の状況と他に漁民・山民などを含む非農業民の問題、(4)幕府などの政治機構・訴訟制度・法体系および国家権力構造の問題、(5)政治的イデオロギー・宗教・芸術等々に関する思想史・文化史の諸問題などが、主要なものとして挙げられる。もっとも実際には史料の遺存状況や主流的な学説の影響のために、また右のいくつかの課題が凝集しているという意味で、荘園または村落の内部構造、在地領主の支配ないし武士団の構成、幕府論および公武関係、それに研究者の数は少ないが仏教史・文学史・芸能史など、若干の分野に研究が集中しており、そのためときとしてそれぞれの意図する課題が不明確にみえることもあるのである。

さて、さきにのべた中世全体の特質に関する諸学説も、現実にはこうした諸課題や諸分野の研究を通じて展開されているのであり、決して抽象的な理論としてだけ提起されているのではない。そして、こうした具体的事実の媒介によって、諸学説は抽象的な図式に硬直してしまうことなく、つねに共通の認識を保持し、学説内容を発展させることができるわけである。それゆえ、さきに挙げた諸学説については今日すべての中世史研究者から支持されている学説はないとしなければならないけれども、なおかつ、現段階において多数の研究のなかでおのずから浮かび上がってきている共通の認識ともいうべきものが、指摘できるのである。そしてこれこそが、現段階でわれわれの研究の出発点とすべきものであるとおもう。

その第一の点として、小農民経営の一般的自立の困難性または不安定性と、農民層の重層的状態ということを、指摘することができる。かつてのように名主や在家《ざいけ》農民を農奴の一般的形態または家父長的奴隷主とみて、そこからただちに封建的小農民層の成立の成否を論ずることの誤りはいまでは明白であり、散田（一色田）作人・小百姓などの、下人身分ではないが、自立性のきわめて曖昧な各種の下層農民の存在が注目されている。彼らの実態と彼らを編成している支配・労働・村落・家族などの諸関係の性格を究明することが、基本問題となってきている。

第二に、荘園・公領の支配秩序における公権的かつ階層的特色がある。明治以来中世史の研究に主導的役割を果たした封建制の理解では、私的な支配・隷属関係の確立ということが重要な指標であったが、いまや「公田」の支配が私的領有の基準にされているとさえ指摘され、公的な統治権の役割が重視され、「百姓」が農民の一般的形態であることが明らかとなった。それは土地制度や社会的身分制の全般にかかわる重要問題であって、このような支配秩序を、古代国家の体制の延長上でとらえるかそれとも封建社会の特殊日本的形態として把握するかによって、中世史像は著しく異なったものになってくる。

第三は、国家ないしは権門・寺社の権力機構や政治的勢力関係について、公家・武家の独自性や対立面だけから一面的に把握するのでなく、諸勢力相互の補完と従属の関係をみなければならない点である。中世の政治史を朝廷と幕府の交替劇ととらえる見方は、もはや成立し難くなった。幕府の勢力が次第に優位を獲得していくのは明白な事実であるが、そのことは幕府にとって朝廷・公家・寺社がまったく無用であり、根本から敵対的な存在であったということではないのである。

第四に、東アジア諸国との国際関係がもつ一定の規定性に注目する必要がある。東アジアの一国として社会構造においても他の国々と等質であるとまでは軽々に論じられないが、東アジア一帯にみられる十世紀と十六世紀という転期は、日本の中世にとっても画期であり、経済・思想・文物における影響の大きかったことも、明らかになりつつある。もはや孤立した島国の歴史として日本の中世を叙述することは許されないのである。

おおよそ以上の四点が、中世全般について今日の研究がほぼ共通に指摘していることであり、われわれがつぎの段階への前提として確認してよいものでないかとおもう。日本中世をめぐる学説は、基本的な点で戦後のほとんどの時期を通じて分裂・対立を示したままであったが、このようにみれば、その学説史を通じて研究水準に著しい発展があったことに気づく。すなわち、まず一つにはすでに右のように日本中世の社会や文化の諸々の特質を展望する新たな地平が開かれつつある。学説の対立は研究の停滞を意味したのでなく、飛躍のための模索であったのであり、やがて昨今までの教科書的通説の中世史像が大幅に改訂を迫られるときがくるといえるのではなかろうか。つぎに、日本中世史研究は、日本中世という局限された範囲だけで任務を果たすのでなく、東アジアの「地域的世界」像の構築や「アジア的社会構成」論による日本中世の特質究明によって、世界史像の再構成という仕事に積極的に参加する条件を整えつつある。世界史のなかに日本中世をどう位置づけるかについて、かつてのように、西欧との近似性に注目していわば他から与えられた単系的な「世界史の基本法則」のなかに位置づけることを目標とした時代は、もはや過ぎた。社会構成史的考察を主軸にした日本中世史研究は、すでに新しい段階を迎えているのである。

五　新しい中世史研究

数十年にわたって社会構成史的把握を主軸に展開してきた日本中世史の研究は、近年、著しく相貌を変え、いまや大きな転換期を経過しつつあるようにみえる。

変貌の兆候は、すでに社会構成史研究自体に現われていた。まず、中世社会の生産様式に関する諸説が、率直にいって混迷に近いほど煩雑な乱立状態になり（黒田「中世史研究と生産様式論」、前掲）、当面解決の見通しもないほどになったのと入れ替わりに、「人民闘争史」「民衆史」「国家史」「身分制論」などといわれる観点と方法が、論議されるようになった。そして、中世の国家・一揆・女性史・非人・寺院史などに研究者の関心が向けられるようになり、また民俗学的視点の導入による中世史の見通しが試みられ（網野善彦『無縁・公界・楽』一九七八年）たりするとともに、他方、文書・記録など文献史料のほかに、荘園村落・中世城館跡の歴史地理学的な探査や中世村落遺構の考古学的研究、古絵図・絵巻物その他美術的史料の分析、言語表現やその意味についての考察など、史料の範囲や分析処理の方面がかつてなかった規模に拡大され深められ、多彩なものになった。

それは、「社会構成」の歴史的な性格規定から「民衆生活」の具体的な相貌の把握へと、研究者の関心と目的が移行したことを物語るものであった。しかもそれは、一般社会の歴史への関心のあり方が変わったことに対応するものでもあり（「転換期の歴史学」黒田俊雄著作集第八巻、Ⅰ歴史学の思想）、西洋史学界における「社会史」への関心のたかまりと、軌を一にするものでもあった。この状況の変化を反映して、すでに古いパラダイムの急速な凋落と新しいパラダイム出現の予告が宣告され（石井進「中世社会論」『岩波講座日本歴史』中世4、一九七六年）、社会構成史と異なる方法による中世社会の〝原理〟の把握が姿を現わし（笠松宏至『日本中世法史論』一九七九年、勝俣鎮夫『戦国法成立史論』一九七九年など）、もと社会構成史的発想から出発した研究も「社会史」「社会論」への推転の姿勢を示すようになった（大山喬平『日本中世農村史の研究』一九七八年、戸田芳実『中右記』一九七九年など）。

このようにして、かつて「中世」の歴史的性格を規定するものとして盛んに論議された社会構成史的な考察は、一九七〇年代後半以後ほとんど影をひそめるにいたった。その理由についてはいろんな見方があろうが、いずれにしても「中世」についての社会構成史上の論点が解決しつくされたからではない。いわば、問題関心が移動したからであるが、ただそうなら、かつての社会構成史的観点からの探究は、いまとなっては無駄の積み重ねであったことになるのだろうか。また、「中世」という概念も無用のものになったのだろうか。

しかし現実には、「中世」という言葉は世間一般にも学問の次元でも、相変わらず使われている。たいていは慣習的・惰性的に、ときにはむしろいっそう意味深長におもわせぶりさえこめて――。ただしその内容に立ち入っていえば、それは発展段階論的な関心や意味づけよりは、日本史上のいまははるかに過ぎ去った一つの型の生活・心性の時間的な枠(時代)を指すための言葉としてである。またそのかぎり、それはやはり日本史独特の「中世」の意味なのである。

だからそこには、社会構成史としての、したがって発展段階論としての、未解決な点が放置されたまま世界史的な意味づけがあるかに装われてもいるわけだが、それを執拗に指弾してみても当面は詮ないことだといわねばなるまい。ただ、はっきり断言してよいのはつぎのことである。社会構成史的諸研究が永年築きあげ積みあげた中世社会のしくみについての達成は、最終的・結論的テーゼの類はさしおくとしても、すでに膨大なものがあり、これを無視しては中世の「社会史」も「社会論」も、また民衆生活史も、根のない浮き草にすぎないものになるだろうと、いうことである。社会構成史的認識は、それが叙述の上でどう現われるか直接にはほとんど現われないかなどは別として、いつでも歴史認識の骨組みの役割を果たしていくだろう。また、社会構成史的な観点からの研究そのものは、今後も決してなくなることはない、と私は考える。

そして「中世」も、少なくともあと何十年かは、さまざまな角度から問われ続けていくにちがいないのである。

思想史の方法——研究史からなにを学ぶか

一　思想史の内容

はじめに考えておきたいことがある。それはそもそも「思想史」とはどういうものをいうのかということである。

いささか乱暴ないい方になるが、「思想史」という言葉によってすぐ簡明な限定された内容を思い浮かべる人は、思想史なるものについてあまり考えたことのない人か、さもなければそれについて何か凝り固まった考えをもつ人であろうとおもう。実際に思想史というものの内容について本気で考え、また、現に思想史と称する諸研究の実態について多少とも知る人は、「思想史」という言葉が実はきわめて曖昧で無限定に等しいほどとりとめない表現に過ぎないことを、一再ならず痛感しているはずである。

いったい思想史という言葉によって、人々はいままでいかなる内容を考えてきたのであろうか。

その一つの型は、「思想」という言葉の意味を、自己完結的な体系的な論理をもつさまざまな世界観・人生観・芸術観などの類と解する立場である。仏教史・儒教史・キリスト教史または浄土教史・真宗史・神道思想史など、宗教史における教義史（教学史）はその典型的なものであり、またいわゆる思想家の思想体系または哲学的学説の歴史も、そうしたものである。これらにおいては宗教とその教学や信仰、または諸学派・諸学説の発展・分化・正邪・衰退、そして他派との交渉・対立・融合・癒着などが追求され、そのようなものとして「思想」の歴史が語られる。だからここでは、それらのそれぞれの「思想」が自己完結的な論理体系の単位であり、単位ごとの全体として正確に把握され評価されなければならないことになる。そして、教義や学説の体系に即してその歴史が語られることが多いため、その教義・学説の概念（範疇）自体によって分析・叙述される傾向が著しい。

第二に挙げることのできる型は、「思想」を人間の思惟活動あるいは知的営為として理解する立場である。このばあいには「思想」は、顕著な代表的なあり方としては、自覚され主張されたドグマまたは論理として体系的な形で成立しているのが第一義的には考えられるが、しかし、それに限定される必要はなく、自覚や主張の奥にある思考の傾向や論理の型の特質が、より注目されていることもある。だから、他者への教説や論理でなくても、意識の内面にひそむ思惟の様式や自己の実存を凝視する態度の特色などが掘り下げられることになるから、体系的な思想であるかどうかにかかわりなく、広い意味での哲学的考察や政治・法・社会に関する規範意識、文学・美術・芸術等々にみられる諸思想なども、その対象となり得る。一般に文化史・精神史と称される立場からの「思想」へのアプローチは、こうしたものであるといってよい。ここでは歴史上の「思想」は、必ずしも当該の思想家の概念や体系をもって語られるとは限らず、それどころか研究対象である「思想」に体系や概念の言葉を欠くことさえあるのだから、むしろ研究者の主体的立場からの新しい言葉によって分析され把握され特色づけられることになろう。

第三の型では、いままでのようにとかく特異な才子や知識人の思想あるいは概念や文字に表現された表層または上部の思想ではなく、あるいは民間伝承のかたちで、あるいは民衆の日常生活のなかに、あるいは〝民族性〟として存在しているところの常民（フォーク）の思惟様式・意識形態こそが、「思想」の基底・深層を形づくっているものとして重視さるべきだとする見地である。それを必ずしも「思想」と呼ばなくてもよいし知識人的ないし表層的なそれだけを「思想」と名付けるのもよいとしても、それらへの〝基層文化〟の形成力と規定性に注目しそれを探究するのである。それは必然的に、「思想」の個人的な、厳密な、概念的な、そして年代とともに小刻みに変化する側面でなく、社会慣習的な、とかく曖昧で、非論理的・心情的な、そして永年繰り返される類型的な側面の重視となる。また、そうすることで、時代による変化よりは比較文化史（思想史）・民族性論などの形態の論述が展開しやすくなる。いうまでもなくこの立場は民俗学・民族学・文化人類学・知識社会学などと密接な関連をもつが、しばしば非歴史的な観点への傾斜を示す点に注意される。

第四の型では、「思想」はイデオロギーとして把握される。「思想」は本質的に社会的・階級的な役割をもつものとして意味づけられ、とくにマルクス主義（史的唯物論）にあっては〝土台〟（諸生産様式）に照応する広義の〝上部構造〟を形成するものとして位置づけられる。したがって、「思想にはそれ自体の歴史はない」とさえいえるわけで、それだけに思想や意識をそれだけ取り出して理解するのでなく、社会構成と権力・支配の総体の関係において把握し、その階級的性格と形態、闘争の論理としての特色などが追求されることになる。

「思想史」という言葉で語られてきたものの内容を、かなり単純化したかたちに整理してみても、さしずめ以上の四つの型を挙げることができるが、もとよりこれは一応の便宜的なもので、考えようによっては、もっと他の型を挙げることもできようし、異なった基準から分類することもできるだろう。また、実際に思想史家として仕事をしている人々の学風をみても、単純に右の型のどれかにだけあてはまる人もむろんあるにはあるが、そのいくつかを複合した立場をとる人が多いことも注意すべきで、むしろ思想史家を自任する人で少なくともそういう配慮を踏まえていない人は、ないといってよい。たとえば、第一の教養史的内容を扱うにしても、かつての村岡典嗣・家永三郎のように第二の知的・哲学的視角からの分析によって注目すべき業績をのこしたものもあれば、堀一郎・五来重のように第三の民俗的視角による解明もあり、服部之総のように第四のイデオロギーとしての観点からその本質に迫った仕事もある。また、近年では、色川大吉の「精神史」や安丸良夫の「民衆思想史」のように、第二の観点と第三の観点を重ね合わせながら第四の観点の新しいあり方の開拓を試みている例もある。要は、「思想史」といってもそれほどにも多義的で複雑であり、われわれには、この言葉だけからただちに特定の内容におもいいたるべきいかなる約束もないということを、幾重にも配慮すべきだということである。

このような思想史の内容の複雑さあるいは曖昧さとともに、いま一つ注意しておきたいのは、歴史認識ないし歴史研究のなかでの思想史の位置づけあるいは比重の考え方である。一般に、「思想史」とは歴史の諸事象のなかの一つの分野と考えられている。かりにさきの四つの型を例にとれば、その第一の教義史的な内容のばあいや第四のイデオロギーとしての内容のばあいは、明らかに思想史は一つの分野史であって、たとえば政治史・経済史・文学史等々に対して、または生産様式や社会構成の歴史に対して、相並んで特殊な歴史の部分を形成している。けれども、政治史には政治思想史が、経済史には経済思想史が、文学史には文学思想史が、教育史には教育思想史が随伴すると考え、またたとい自覚的な思想や概念的な思惟がなくとも行動自体や意識下の深層心理や心性《マンタリテ》もまた「思想史」の対象であるとみなすならば、所詮人間はなんらかの思考活動を続けながら生きているのであるから歴史のすべては「思想史」でなければならないことになろう。それは思想や意識が、つまりは観念こそが歴史の基本であり動因であるとする意味での観念論的歴史観とはまったく別の意味で、「思想史」を、歴史の基本的な一側面に迫りその側面から歴史の総体を照らし出す方法とみなす態度であって、いわば歴史の全体像への一つの視座の意味をもたせるものといえるだろう。「思想史」はこうして、もはや一つの分野史ではなく全体史の一つの立場であることを主張するにいたるのである。さきの第二および第三の型の立場のなかのあるものには、このような志向が看取される。

それでは、「思想史」の研究は、いつでも右のようないくつかの類型が並行するかたちですすめられてきたのであろうか。――しかし、それに答えるためには、われわれはさらになお、わが国の歴史学の研究が辿った「思想史」の研究史を、最小限の簡略さながらにも追跡しておかなければならないのである。

二　思想史の思想史

すべての歴史研究と同じく、思想史の研究は歴史上の「思想」的諸事実の発掘・復元から成り立つ。しかしながらその研究を統轄し一個の研究作品として構築する仕事は、それ自体自己の思想的いとなみなのであって、過去の思想的事実が自分で姿を現わしてくるのではない。思想史の対象はいつでも主体的に設定されていくものであって、自己の思想に無関係に対象が設定されることはなく、また、研究者が自己の思想的容量を超える思想を対象から汲み出し分析することもありえないのである。思想史家は、枯れた偶像や固型化したドグマなどの整理人ではなく、自己の思想を思想の歴史によって試《ため》し鍛えることに挑み、また、いやおうなしにそれを強制される立場にある。したがって、思想史の研究史は、特定のテーマをめぐる限られた時期の研究や論争についてはともかくとして、基本的・大局的にみれば、史実解明の自己発展と累積の歴史であるよりは、むしろ〝思想史の思想史〟を形成しているのである。

ふたたび例として引くが、さきに挙げた思想史の内容の四つの型は、もとはといえばそのような〝思想史の思想史〟の所産であり、いまもある程度までそうした意味の痕跡をとどめているといえる。日本の近代歴史学が成立した明治中葉、十九世紀末期では、神道や仏教や儒教の各派の教義や教学史上の教説のあれこれは、よきにつけ悪しきにつけ「日本思想」史上の最も実体的な単位的存在とみられていた。というのも、仏教や儒教は「近代日本」の宗教と教学の体制を構成するもの、その意味で生きた思想そのものあるいはその単位であったからであり、換言すれば当時の価値基準を表現するものであったのである。さきの第一の教義史の型の思想史は、研究者個人の信条や関心にもとづく意味ではいつの時代にもありうるものであるが、日本近代における思想史研究の最も早い時期から、たとえば島地大等・村上専精・井上哲次郎等々の学者——「思想」的分析は少ないが辻善之助も——によって、この型の「思想史」がものされたことは、それ自体が特色ある一個の思想史的事実とみらるべきであり、それは明治的近代が命脈を失うつい近年まで、歴史学における思想研究の古典的・正統的地歩を占めていたといえるのである。

二十世紀の初期に、日本が帝国主義国として自立し発展しはじめたとき、日本にも市民的歴史学の諸学派が簇生したが、そのなかに「思想史」「文化史」「精神史」の諸学派も成長した。さきの第二の型がこうして成立して、近代的な思想史学の名に最もふさわしい立場であることを主張し、またほぼ雁行するかたちで第三の型もこの段階に成立した。これらはいずれも、それぞれの意味と形式で、明治的近代の体制を――したがって第一の型を――ある程度まで批判する役割も果たしたし、またそれだけの思想的性格をもっていたのである。われわれはそうした成果を、村岡典嗣・津田左右吉・和辻哲郎・西田直二郎・竹岡勝也、それに柳田国男・折口信夫・石田英一郎などとそれらの系統の諸学派の仕事にみることができよう。

日本帝国主義の国内的・国際的諸矛盾が激化した第一次大戦後、マルクス主義の思想が人々をとらえはじめ歴史学にも唯物史観の立場からの研究が多数現われるようになったとき、思想史においてもさきの第四の、つまりイデオロギー闘争史としての思想史の研究が、数多く現われてくる。このころから第二次大戦敗戦後のある段階までの時期は、概括的にいえば日本の社会の矛盾が先鋭化し天皇制をはじめとする諸々の日本的なイデオロギーの特殊性・後進性が深い関心を呼んだ時期であって――敗戦前と後とでそのありようは大いに異なったが――、思想史の研究においてこのような志向が強まり主要なテーマとなっただけの当然の理由があった。しかもこのマルクス主義の立場からの思想史研究は、天皇制ファシズムの弾圧と皇国史観の横行のなかでもまた戦後の民主主義高揚期においても、諸々の「思想史」「文化史」が権力に対する抵抗力を失い研究の方向に迷ったなかで敢然と歴史学の科学的立場を守り発展させた。われわれはそのようなマルクス主義者またはその影響を強く受けた立場の日本の思想史に関する業績――ここでは近代以前についての研究を中心にするが――として、戦前においては史的唯物論の見地から日本の宗教・学問などの諸思想を哲学史的に分析した永田広志・鳥井博郎、神話の科学的分析の方法を論じた羽仁五郎、古代・中世の仏教史の階級的・イデオロギー的本質を追究した川崎庸之・圭室諦成、近世の儒学・国学・洋学の社会思想史的分析をすすめた谷義彦（堀勇雄）・羽仁五郎・伊東多三郎・阿部真琴、日本の思想・文化の特殊性を追究した三枝博音などの仕事を数えることができるし、戦後においては、敗戦直後の時期の石母田正・服部之総・松本新八郎・伊東多三郎・林基・松島栄一・奈良本辰也・高橋磌一などをはじめとする業績を知っている（これらマルクス主義の立場からの思想史研究についてはあとで改めてのべる）。いうまでもなくそれがその段階の思想のたたかいであったのである。

以上四つの思想史の型について、そのそれぞれがその時期の思想的課題と密接な関連をもつ思想史的所産であることを指摘したが、さきに断っておいたように、それはいまとなってはその一つの側面にすぎず、現在は現在での思想的意義を踏まえて存在しているといわねばならぬ。それをまたさらに論ずるとすれば、ついには個々の研究者が抱く思想的課題とその営為にまで立ち入らねばならなくなるのは必定であるから、ここでは差し控えたい。ここではただ、思想史研究の展開がそれ自体思想史的な事象であることが確認されればよいのである。

三　研究史の遺産

日本の近代歴史学の歴史にみられるそのような思想史の研究史をうけて、われわれは思想史について、学問的な歴史研究の名のもとにどのような立脚点を確認できるだろうか。いい換えれば、宗派的な情熱や「日本精神」賛美など単純に学問的とはいい難い仕事も含む多様な内容をもつ「思想史」の研究史のなかで、近代的歴史学の名において掲げうるようないかなる達成があったといえるだろうか。

思想史の研究において学問的ないし〝科学的〟とはどういうことをいうのか、よほど単純な考え方をするのでない限り、それは簡単明瞭には答えられない難しい問題である。しかし、既往の研究史の達成についていう限りでは、研究者の思想的立場の如何を問わず、いわば隠されていた事実の発見あるいは解明と認識や思考の方法において、いかに真実に迫るところがあったかを問うことが、その基本的態度でなければなるまい。したがって、最後まで科学的認識のためにたたかったとはいえ、たとえばマルクス主義歴史学の立場からの成果だけに限って〝科学的〟達成を論ずるような態度は、本来とるべきものでないし、反対にそれを特定のイデオロギー的見地の所産だとして、無視するのも正当でなかろう。冷静に思想史研究の実際をみれば、われわれが継承すべき研究史上の遺産に多様なものがあることは、おのずと明らかである。

わが国の歴史学で「思想史」ということがいわれはじめてからの研究史にどのような継承すべき遺産があるか、ここでは、ただおおまかに次の点を指摘しておきたい。

まず、明治初年から第二次大戦以前までの啓蒙史学・「実証主義」史学ないし市民的歴史学の諸派における思想史研究は、歴史学を〝科学〟として捉える態度においては欠けるところがあるというよりは、むしろそれに否定的な立場のものが多かったわけであるが、しかし、事実認識の点において今日の歴史学にとっても重要な意義をもつ成果があったことは、いうまでもない。村岡典嗣・津田左右吉の著名な仕事をはじめとして、柳田国男・和辻哲郎・西田直二郎・竹岡勝也・辻善之助・折口信夫などの業績は、むろん〝科学的〟歴史学または「歴史科学」の範囲に数えることにはためらわざるを得ないにしても、それぞれの程度において重要な〝遺産〟である。しかし、そうした一般的なことよりも、とりわけ注意しておきたいのは、すでに明治年間から、近代日本特有の政治的・思想的体制——近代天皇制や国家神道——が固められていくなかで、そういう体制的発想に埋没せずに自覚的に問題を捉えて批判あるいは反省を加え、さらにはそれからの超出をみせていたような、そういう気骨ある論文があったことである。今日われわれが理解している〝科学的〟な歴史認識の方法によって、そうなったのではない。明治二十四年（一八九一）に発表され帝国大学教授退職にいたる筆禍事件の原因となった有名な久米邦武「神道は祭天の古俗」（『史学雑誌』二―二三・二四・二五）はその一例である。啓蒙主義的な歴史観を受けているとはいえ基本的には漢学者流の神道観に立脚するものであるが、そういう意味での「祭天の古俗」という位置づけが近代日本の国家神道体制の歴史像の空隙や矛盾を衝くことになったのである。また、明治四十四年（一九一一）発表の原勝郎「東西の宗教改革」（『芸文』二―七）は、いわゆる鎌倉仏教を日本における宗教改革とみたはじめての論文であるが、ここには原勝郎の名を一世の史筆として高からしめ、以後の日本史理解に決定的な影響をのこしたかの『日本中世史』とまったく同じ発想をみることができる。近時しばしば指摘されているように、それは帝国主義的自立到達段階の、「脱亜論」的でかつ西欧型志向を特質とする近代日本の〝自己認識〟の、歴史の方法であったのである。いま一つ、島地大等「日本古天台研究の必要を論ず」（『思想』六〇、大正十五年〈一九二六〉）も、特筆に値する論考である。仏教教学に関するこの一代の碩学は、日本近代の宗教体制を基準とした世間流通の日本宗教史の理解がいかに事実から離れた表面的・形式的なものであるかを熟知しており、日本の思想史把握のために何が必要であるかを指摘したのであるが、それは今日にいたってもまだ一般に理解されるにいたっていない。この論文は、それほどまでに〝近代日本〟的な歴史認識の枠組みが強固にわれわれの発想を束縛していることを、いまの時点でかえって新たに考えさせるものをもっている。

私の考えでは、これらに比べればさきの村岡・津田以下の仕事は（柳田はやや異なるが）、探究がより進み実証においても分析においても洗練された視角と方法がみられるとはいえ、むしろ体制内的なものに矮小化しているようにおもわれる。いまわれわれが先学の仕事から継承すべきことの一つは、近代日本的発想のもつ枠組みをまともに見据え、それにとらわれずにより高い認識にいたるための手掛かりとなる視点であり、そして、固定化した通説の枠を越える視点のもつ重要性は、今日ではどれだけ強調しても、しすぎることはないとおもう（この視点の意味については、本書「顕密体制論の立場――中世思想史研究の一視点――」〈黒田俊雄著作集第二巻、Ⅲ顕密体制論の立場〉を参照されたい）。

以上を、われわれのいまの時点からみて、「思想史」の名においての研究史の第一の時期と呼ぶことができるとすれば、第二の時期を、戦前のマルクス主義史学をはじめとする科学的・進歩的な思想史研究におき、さらに第三の時期を戦後の科学的歴史学の発展期におくのが妥当であろう。その特色を概括的にいうならば、第二の時期では、一つには諸宗教思想や個々の思想家の思想についてのどちらかといえば哲学概念的（ことに唯物論的見地からの）規定とその社会的階級的かつイデオロギー的な性格分析が重視されたことと、もう一つには諸思想の日本的ないし東洋的特質に関する考察とを挙げることができるとおもう。前者については、いまからみればやや生硬で形式的な点も多いが、反面、当時として積極的な意味をもっていたことと今日むしろ厳格な概念分析の風がほとんどみられないことを考えれば、改めて顧みるべきものがあろう。後者すなわち日本的・東洋的特質論については、「講座派」理論にも共通するような後進資本主義国としての問題意識による独特の掘り下げを、その成果として受け取ることができるであろう。つぎに第三の時期（昭和二十―三十年）については、これもいまからみれば特有の傾向あるいは限界を感じさせられるのは当然であるが、しかしわが国の歴史学においてはじめて学問・思想の自由がかちとられた段階であるだけに、その成果にはめざましいものがあったといわなければならない。それは基本的には第二の時期のそれの発展であるが、傾向としてやや異なる点は、個々の思想家の思想内容の分析よりは社会思想または階級的・政治的イデオロギーとしてのありようを、急速に緻密化した社会史・経済史の研究に結合する形で動的に把握する傾向、とくに民衆の生活やたたかいとの関連で論ずる傾向が著しくなり、またはじめて可能にもなったことである。ただ、概していえばどの時代の研究についても、社会史・経済史の研究の大きな発展に導かれて展開した傾きがあり、そのため思想史の研究は、かえって独自の研究方法の構築に立ち遅れる結果になったようにみえる。

第四の時期は、ほぼ昭和三十年以降の時期である。この時期になると、国家史・人民闘争史・民衆史など新しい可能性をはらんだ観点が提起され、それらが第三の時期にすでにみられた社会思想史的方法とも影響しあいながら、思想史の新しいかたちの形成・発展を促しつつある。しかし、この新しいかたちは、ただ理論上の視座や論述の形式をいじることだけから編み出されるものではなく、現実が要請する課題の自覚と取り組みのなかで発展するであろう。この第四の時期は、いわば現在の段階であるが、右のような歴史学の新しい状況を考えるにつけても、思想史に関してはそのあり方または方法を考え直すことの必要性、それだけにまた研究史のもつ重要さが痛感される。既往の研究史から何を遺産として継承し、何を汲み出し発展させるかについて、われわれの視野は偏狭であってはなるまい。その意味で、われわれはすでに、思想史の研究史について本格的に検討した新しい業績をもってよい時期にきていると、いえるのではなかろうか。

あとがき

法藏館主西村明氏とお知りあいになったのは、先代館主西村七兵衛氏のころからのことで、考えてみればもうかなりの年月になる。近年は、私どもが続けているささやかな研究会のためにも、なにかと便宜をはかっていただいたりしている。

その西村氏が先年、こんど法藏選書というものを企画したので、なにか一冊まとめてくれないか、とのことであった。もとより仏教には暗く、その名に価するようなものはできそうにもないから、躊躇というよりは謹んで御辞退もしたのだが、こちらから一方的にお世話になってばかりもおられぬので、それでは数をふやす一つに加えていただくのも、この選書の賑わいの一助かということで出来たのが、この書物である。

みられるように中味の十二の各章は、いままでいろんな機会にものした論説の類であって、この選書の他の諸書のように格調高く味わい深い達意の文章ではない。しかし、生来の不器用のことゆえ、それだけに、どれも一時の感想でも思いつきでもない。その都度かなりの努力もし、考えて書いたもので、どれにもいまもって、いわばおもいが籠っている。並べてみると『王法と仏法』という書名がおのずと浮び上ってきて、私なりのしかたで中世史を探る視角が、構図に緊密さはないがバラエティをもったかたちで、まとまることになった。むろん、晦渋・難解な中世史が不思議と世間から少しばかりは興味をもたれる昨今のことだから、それにあやかってかれこれいろんな論点をいい出せば際限はない。けれども、中世の発想にならって「王法と仏法」といえば、いちおうはすべてを含みうるはずのものである。もとよりそれが、鎮護国家の仏教の立場からの構図を意味することに、意識的にかけている趣旨も、理解していただけるとおもう。

しかし、そのようにそこばくの自己弁護を綴ってみても、所詮格調にも味わいにも乏しく散漫であることはおおい難い。非力の及ばざるところ大方の叱正を待つほかはない。

本書の刊行のために、大谷大学専任講師佐々木令信氏には、怱忙の間にもかかわらず校正その他につき一方ならぬ御援助をいただいた。粗略ではあるがそのことを記し、感謝の意を表したい。また、法藏館編集部の美谷克美氏には、本書の編集・構成から書名にいたるまでなにかと相談にのっていただき、種々雑用も煩わせた。末尾ではあるが、心からのお礼の言葉を記しておきたいとおもう。

一九八三年五月五日　　　　黒田俊雄

成稿一覧

王法と仏法

一九七六年十一月、『歴史公論』第二巻第一一号に掲載。このたび若干字句を添削・修正した。

愚管抄における政治と歴史認識

はじめ一九七六年四月『前衛』第三九三号に「日本の思想10」として「愚管抄」の表題で掲載、のち加筆して『日本の思想』上（一九八〇年十月、新日本出版社）に「愚管抄――政治と歴史認識――」として収載したもの。このたびは旧稿では「原典紹介」とあったものを「『愚管抄』本文」とし、体裁をかえた。

日本宗教史上の「神道」

一九八一年、*The Journal of Japanese Studies vol.7 No.1* (Winter 1981) に、'Shinto in the History of Japanese Religion' の表題で発表した論文の日本文原稿。日本文としては、これが新発表。なお、これに近い論旨のものに「中世宗教史における神道の位置」（家永三郎教授東京教育大学退官記念論集刊行委員会編『古代・中世の社会と思想』〈一九七九年六月、三省堂〉）がある。

「院政期」の表象

一九七六年九月、永積安明編『保元物語・平治物語』（鑑賞日本古典文学、第16巻、角川書店）に、「保元物語・平治物語の窓」の一篇として寄稿。

軍記物語と武士団

一九六三年三月、『国文学・解釈と鑑賞』第二八巻第四号（昭和三十八年三月号）に発表。このたび若干字句を添削。

太平記の人間形象

一九五四年十一月、『文学』第一一巻第一一号に発表。著者としては想い出深い論文であるが、すでに旧いものであり、学問的な役割はすんでいるので、一般の読者を考えて、ここでは註はすべて削除し、本文だけにした。

楠木正成の死

一九六七年五月、原田伴彦編『日本史の英雄・その悲劇的な死』（三一書房）に寄稿。このたび全般に加筆。

歴史への悪党の登場
一九七三年一月、『上方芸能』第七七号に寄稿。このたびは、冒頭に『峰相記』の悪党に関する記述の現代語訳（拙著『蒙古襲来』〈中央公論社・日本の歴史8〉の「悪党横行」の章のうち）を加えた。

変革期の意識と思想
一九七九年九月、『歴史公論』第五巻第九号に、「南北朝期における模索の状況」の副題を付して発表。このたび字句を修正。

中世における武勇と安穏
一九八〇年十一月二十七日の仏教史学会大会における記念講演であって、『仏教史学研究』第二四巻第一号（一九八一年十月）に掲載。このたびは、引用文の出典ページなどは除いた。

「中世」の意味——社会構成史的考察を中心に——
一九七五年六月、岩波講座『日本歴史』中世1に、「中世史序説」として発表したもののうちの、「一　「中世」の意味」「二　諸学説と研究の現状」の二章に加筆し、さらに新稿を最後の節として加えたもので、表題も変えた。日本史研究の上で中世という概念のもつ意義を、読者に知っていただきたいためである。

思想史の方法——研究史からなにを学ぶか——

一九七八年八月、歴史科学協議会編『歴史科学大系』第19巻の『思想史〈前近代〉』（黒田俊雄責任編集・校倉書房）の「解説」として執筆した文章のうち、表題にふさわしい部分に加筆し、まとめ直したもの。思想史の方法としては、とくに近年はさらに新しい観点について論ずべきことが多いが、ここではかつての研究史にもいろいろな立場があったことを、読者に知っていただくために、つけ加えた。

【増　補】

＊顕密体制論の立場——中世思想史研究の一視点——

一九七七年九月、『現実のなかの歴史学』（東京大学出版会）に収載。

解説　黒田俊雄氏と顕密体制論

平　雅行

黒田俊雄氏の研究を一言でいうと、武士中心史観からの脱却である。黒田氏はそれによって、多面的な歴史の実像を、その多面性に即して描きあげることに成功した。

武士中心史観は江戸時代に形成され、近代歴史学をも長らく拘束してきた。そしてそれを精緻なまでに論理化し、体系化したのが石母田正氏である。もちろん、戦前の段階では、中世の公家や寺社に着目する研究もかなり存在したが、石母田領主制論の登場によってそれらは一掃された。政治・経済・法・国家から宗教・文化にいたるまでの体系性をそなえた巨大な学説が、大きな壁となって立ちはだかったのである。となれば、部分的批判ではその体系を崩すことができない。小さな穴を開けたとしても、壁そのものはビクともしないからだ。武士中心史観を瓦解させるには、政治・経済・法・国家から宗教・文化にいたる新たな体系を対置するしかない。この困難な課題に挑んだのが黒田俊雄氏である。

もちろん黒田氏は、当初より武士中心史観から自由であったわけではない。初期の論文は領主制論に立脚しており、在地領主制や武士団・農村、そして鎌倉新仏教の発展に中世的なものの形成を読み取ろうとしている。

ところが一九五〇年代末からその考えを修正するようになり、「中世の国家と天皇」(岩波講座『日本歴史中世2』、一九六三年)で権門体制論を提起して大きな衝撃を与えた。ついで『荘園制社会』(日本評論社、一九六七年)では、荘園領主と百姓との支配関係を日本封建制の基軸と捉える非領主制論を提起し、さらに「中世における顕密体制の展開」(『日本中世の国家と宗教』岩波書店、一九七五年)、「中世寺社勢力論」(岩波講座『日本歴史中世2』、一九七五年)では顕密仏教・寺社勢力を中世宗教の中心と位置づけた。また黒田氏の遺志をついで編纂された『訳注日本史料　寺院法』(集英社、二〇一五年)は、法制史の分野で武士中心史観を克服しようとする試みである。黒田氏は実際に、政治・経済・法・国家・身分から宗教・文化にいたる新たな体系を構築してみせたのだ。

このうち権門体制論では、武家・公家・寺家の類似性に着目し、それら諸権門によって構成される秩序を天皇が総括するシステムを中世の支配体制と捉えた。これまでの研究は、幕府と朝廷との対立を過剰に強調し、そこに中世的権力と古代権力との対立と相克を読み込んできた。それに対し黒田氏は、中世における基本対立が武士(在地領主・幕府)と貴族(荘園領主・朝廷)との間ではなく、彼ら領主権力と民衆との間にあったことを改めて想起させ、民衆支配を実現するために公家・武家・寺家がどのように協力していたのかを構造的に解明するよう求めた。

また非領主制論では、荘園制に比べれば、在地領主制は日本の封建化のなかで副次的位置を占めたに過ぎない、と述べている。石母田領主制論では、武士の在地領主制が中世的世界を切り開いてゆく、と捉えていた。それに対し、黒田氏は中世社会の形成における武士＝在地領主の主導性を否定し、むしろ荘園領主と百姓の関係構築こそが、中世社会形成の主要プロセスであると断じた。さらに寺社勢力論では、従来かえりみられなかった寺社の実態を明らかにしたし、顕密体制論では鎌倉新仏教ではなく、顕密仏教を中世宗教の基軸とする歴史叙述を披瀝してみせた。武士、在地領主制、農村、新仏教に中世をみていた時代像から、公家、寺家、荘園制、都市、顕密仏教にも中世を認める多面的で包括的な歴史像への転換を提起しつづけたのである。そして、氏の提言によって朝廷・寺社・荘園制や顕密仏教の研究が飛躍的に深化した。細部の修正点は多々あるものの、今や黒田氏が提起した歴史像が日本中世史の常識となりつつある。

本書に収めた論考でいえば、論文「「中世」の意味」は、こうした領主制論から非領主制論への展開について研究史を概観しながら、今後の方向性を示唆したものである。また論文「「院政期」の表象」は院政時代像がどのように移り変わってきたかを鮮やかに指し示すとともに、権門体制論が登場した意味をコンパクトにまとめている。

この論文では、院政期のイメージを三つに分けている。第一は「混乱と頽廃に満ちた時代末期的イメージ」であり、第二は院政期を「新たな政治体制や思想・文化が成育しつつある中世成立期」と捉えて、「新鮮な可能性に満ちた時代」と捉える観点である。混乱と頽廃と破滅の時代というマイナスイメージから、躍動と成長の時代へと時代像が大きく転換したが、しかしその躍動と成長の主体を武士たちの領主制に求めている点に、武士発展史観が有する欠陥を払拭できていないと批判し、「貴族・武士・寺社の各勢力」がせめぎあった第三のイメージでこの時代を捉えるよう説いている。

かつて私は末法思想について分析したことがある。末法思想は古代貴族や古代社会の没落・崩壊感の表現とされ、これが院政時代を混乱と破滅の時代と捉える有力な根拠となっていた。しかし、顕密仏教は「末法を克服して平和を実現するには寺院経済の安定が必要だ」という主張を武器にして、中世的な荘園領主化を達成した(『日本中世の社会と仏教』塙書房、一九九二年)。当時の私は十分に意識していなかったが、黒田氏のこの論文を改めて読み直して、自分の研究が院政時代を第一のイメージから第三のイメージへと捉え直す作業であったことを、今さらながら理解したのである。

論文「王法と仏法」はインド・中国、そして日本古代から中世・近世にいたる王法と仏法との関係をスケッチしたものであり、短文ながら顕密体制論の要点を簡潔にまとめている。

顕密体制論の意義は数多いが、中世仏教史の学問空間を一挙に開放したことは特に重要である。これまでは鎌倉新仏教を中世仏教と捉えてきた。ところが法然・親鸞や日蓮・道元らが中世社会に与えた影響力は、実はそれほど大きなものではない。そのため、それらを中世仏教と措定している限り、中世仏教史研究は他分野への広がりを獲得することができず、閉ざされた学問空間のなかで、祖師の思想や教団の展開を論じるしかなかった。

それに対し黒田氏は、顕密仏教を中世仏教の中核と位置づけた。実際、顕密仏教は中世の政治・経済や文化の諸領域に決定的な影響を与えている。とすれば、中世仏教史研究は中世国家論や社会論はもとより、法制史・経済史・都市史・技術史・建築史・美術史・芸能史など関連諸分野との学問的交流なしには存立しえないことになる。こうして中世仏教史の学問空間が飛躍的に拡大した。

具体的にみておこう。たとえば、中世天皇制は仏教的色彩を強めている。仏教的な即位儀礼である即位灌頂は後三条天皇から始まり、モンゴル襲来後の伏見天皇より恒常化された。また、中世王権の創始者たる白河・鳥羽・後白河院はいずれも出家し法皇となって権力を振るい、仏法興隆政策を主導することで王権の強化を図っている。荘園では領主が

「年貢を完納すると極楽往生できる」と説く一方、「領主に敵対すれば神罰・仏罰をうけて地獄に堕ちる」と恫喝しており、民衆支配と宗教が混然一体となっていた。

和歌の世界では、藤原俊成が『古来風躰《ふうてい》抄』をあらわして、天台宗の教えをベースに新古今の世界を構築したし、和歌の道と仏道が一致するという和歌陀羅尼《だらに》説が広まっている。管弦や立花・茶道も仏道との一致を唱えたし、世俗と仏道との一致を説く治《じ》生《しょう》産業《さんごう》実相《じっそう》論が盛んとなって、世俗の職業生活そのものを仏道と認定するようになった。また、技術と呪術との未分離を背景に、医学をはじめとする諸学問が仏教と融合しており、鎌倉末の比叡山の僧は、天台・真言・悉曇《しったん》・三論・法相・華厳宗や浄土宗・禅宗のほか、医学や農業技術・土木技術、それに兵法や天文学、さらに和歌や儒学まで学んでいる。中世の顕密寺院は多様な学問を教授しており、中世社会における知の結節点であった。

このように顕密仏教の影響は中世のあらゆる分野に及んでおり、中世仏教史はすべての領域を対象とせざるを得ない。ところが、鎌倉新仏教史観のもとでは、以上挙げた諸事象の検討にまともな学問的評価が与えられなかった。旧仏教は古代の残滓とされたため、これらは古代の残りカスの研究として黙殺されたのだ。黒田氏の問題提起によって中世仏教史は、祖師と教団の閉鎖的な学問から、中世のあらゆるものを研究する学問へと変容した。

しかも、顕密仏教が古代から存続している以上、①古代仏教はいつ、どのようにして中世仏教へと変貌を遂げたのか、②その変貌を背後で支えた国家の宗教政策はどのように変化したのか、③顕密仏教を中世を通じて存続させた民衆的基盤は何であったのか、が問われるようになり、新たな研究課題が次々と噴出して研究が一気に活性化した。顕密体制論の登場によって、中世仏教史研究は「疾風怒濤の時代」に入ったのである。

ただし、黒田氏の顕密体制論は、鎌倉新仏教史観の単なる裏返しではない。ここは留意が必要である。かつての鎌倉新仏教史観は、中世仏教史を、古代仏教（旧仏教）と中世仏教（鎌倉新仏教）の対抗史として捉えた。また、平安時代も古代仏教（旧仏教）と中世仏教の萌芽（聖・浄土教）との対抗史として描いている。そして、平安中後期に旧仏教が貴族化・門閥化を強めたのに対し、その腐敗・堕落に反発した仏教者が魂の純粋さを守るべく、聖となって本寺を離脱し、別所を拠点にその批判精神を浄土信仰に昇華させたと解した。そして、こうした聖・浄土教の展開の延長上に、法然・親鸞らの鎌倉新仏教が登場すると考えたのである。

それに対し黒田氏は、旧仏教＝顕密仏教を中世仏教の基軸におき、顕密仏教と鎌倉新仏教との対抗を正統―異端として捉えなおした。顕密体制論は鎌倉新仏教史観を一八〇度逆転してみせたのである。

それだけではない。黒田氏はさらに突き進んだ。氏の顕密体制論の決定的ポイントは、顕密仏教と聖との同質性を指摘したことである。聖は顕密仏教の対立物ではない。彼らは「基本的に「顕密」主義者」であり、「体制外の体制」であって、「体制の安全弁」ですらあった、と黒田氏は評している。聖は顕密仏教の批判者から、顕密仏教の尖兵へと位置づけ直された。これによって、聖や平安浄土教の延長上に法然・親鸞を位置づけることが不可能となったし、平安仏教史を顕密仏教と聖・浄土教の二項対立で捉えることも否定された。平安時代にはもはや顕密仏教の対立物が存在しない。平安仏教は顕密仏教一元論で捉えられることになり、むしろ律令体制の崩壊を起点とする古代仏教の中世化がメインテーマとして浮上することになった。

かつて二葉憲香氏は古代中世仏教史を、律令仏教と反律令仏教の対抗史として捉えた。また、井上光貞氏はそれを「貴族的・権力的・呪術的な鎮護国家仏教」と「仏教本来の平等的・同朋的・救済宗教的精神」との対立抗争として描いており、鎌倉新仏教史観が二項対立論を基調としたのは明らかである。そして、当初の顕密体制論もこうした歴史像の影響をうけていた。古代仏教と中世仏教との対抗を、正統—異端に読み替えただけで、議論の大枠は鎌倉新仏教史観の裏返しに過ぎない。

ところが黒田氏は聖の評価を転換させることで、二項対立論そのものに終止符をうった。正統—異端論をみずから否定したのだ。こうして顕密体制論は、鎌倉新仏教史観の反転論の段階から、新たな地平に踏み入った。残念ながら氏が病に倒れたため、二項対立論の否定は平安仏教論に留まり、顕密体制論の新たな全容は示されることなく終わった。しかし、黒田氏は今後の方向性を確かに明示したはずである（拙著『鎌倉仏教と専修念仏』第七章、法藏館、二〇一七年）。

顕密体制論が登場してすでに半世紀近く経つが、今なお無数の課題が残されている。ここで改めて、現在における顕密体制論の主要な課題を三点だけ挙げておこう。

第一は、東アジア世界の広がりの中で顕密体制論を捉え直す課題である。顕密体制論は古代仏教から中世仏教への転換を、自生的内発的発展として捉える傾向が強い。実際、中世への展開のなかで、日本は東アジア仏教界の共通制度であった国家的度縁制から離脱した。また、中国や朝鮮では禅宗をも含めた僧位僧官制をとっていたのに対し、日本では禅宗の編成が僧位僧官制の枠外で行われている。その点でいえば、日本仏教が中世への展開のなかで、大陸とは異なる独自の歩みをしたことは否定できない。とはいえ、これが歴史展開の主軸であるとしても、こうした転換が東アジア世界のどのような条件のもとで達成されたのか、また中国や朝鮮からの外在的契機を宗教史叙述の中に、どのように過不足なく組み込むかは、今なお重要な課題となって残されている。

第二の課題は東国仏教の実態解明である。佐々木馨氏は、東国と西国という二つの国家論を背景にして、東国では西国の顕密体制とは異質な宗教秩序が構築されていた、と主張した（『中世国家の宗教構造』一九八八年、『中世仏教と鎌倉幕府』一九九七年、共に吉川弘文館）。もとより私は、氏の構想に賛成できない。しかし、東国仏教を包摂できていない顕密体制論の欠陥を、氏が剔抉したことは率直に評価すべきであろう。とすれば東国仏教と顕密体制との関係について、新たな実証水準でそれを論じ、東国仏教界が顕密体制に包摂されていたことを明らかにすることが不可欠の課題となる。

それだけではない。そもそも源頼朝をはじめとする歴代将軍は鎌倉に顕密仏教を移植・育成しようとしており、実際のところ、鎌倉で活躍した主要な顕密僧だけで四〇〇名にのぼる。しかし、中世的権力である鎌倉幕府が、古代仏教（旧仏教）を保護した説明が困難となるため、こうした事実は長らく無視され、幕府＝禅宗という安直なイメージがまかり通ってきた。それゆえ、鎌倉における顕密仏教の研究は、鎌倉新仏教史観に最後のとどめを指すことになるはずだ。拙論「鎌倉山門派の成立と展開」（『大阪大学大学院文学研究科紀要』四〇巻、二〇〇〇年）や同「東国鎌倉の密教」（『智山学報』六九、二〇二〇年）などは実証的にこの課題に応えようとした試みであるが、さらなる研究の深化が求められる。

第三に挙げるべきは、宗派史への取り組みである。顕密体制論はこれまで宗派史研究をきびしく批判してきた。従来の宗派史研究は、全体的視角を欠落させたまま、個々の宗派の発展をバラバラに語っていた。そのため、個別宗派の発展が仏教界全体の秩序をどのように変容させたのかが、まるで分からなかった。それゆえ、顕密体制論は宗派史研究における全体的視角の欠落をきびしく批判した。とはいえ、それはあくまで研究手法の批判であって、宗派史研究の必要性を否定したものではない。

そして近年、宗派史研究をとりまく学問状況が大きく変化しつつある。顕密体制論の進展によって、十世紀から室町中期までの国家の宗教政策とその変遷がほぼ明らかとなったからだ。つまり顕密体制論の深化によって、全体的視角をもった宗派史研究を進める条件が整ったのである。実際、浄土宗・浄土真宗・日蓮宗・曹洞宗は戦国・近世における仏教界の中心勢力になっている。とすれば、鎌倉前期に登場したそれぞれの祖師とその弟子たちがどのような歩みをたどりながら、戦国期に台頭することになったのか、その歴史的経緯を明らかにしなければならない。顕密体制論の次の焦点は戦国時代に移りつつあるが、それを達成するには宗派史研究の深化が不可欠である。

さて、本書の論考にもう少し触れておこう。論文「日本宗教史上の「神道」」は、思想史や宗教史の方法論として学ぶところの多い重要な論考である。これは、黒田氏の「中世宗教史における神道の位置」「「神道」史研究の背景」（共に一九七九年）の二つの論文を踏まえ、議論を総括したものである。神道という名の民族宗教が古くから日本に存したとか、神道的な文化意識が日本の歴史に常に存在していたという考えは、堀一郎・丸山真男氏まで捉えた根強い見方であるが、黒田氏はこうした歴史像が近代になって作りあげられた神話に過ぎないとする。そして近代の国家神道の形成過程は同時に、神道が古代から連綿として存続してきたという新たな神話の創出過程でもあった、と指摘する。

そして氏は、それが神話に過ぎないことを鮮やかに解明してみせた。まず第一に、古代・中世における「神道」の用例は、①東アジア世界における土俗信仰一般の呼称、②神そのもの、もしくは神の権威や力の意にほぼ限定されており、③「日本の民族的信仰」を指すような用例が存在しない。第二に、神仏習合や本地垂迹説の展開のなかで「神道」は仏教に包摂され、仏教の日本的形態が「神道」であると捉えられるようになっており、民族宗教としての神道はここでも存在していない。第三に、儀礼や作法で非仏教的装いをとった伊勢神道においてすら、それを支える教義体系は本覚思想＝仏教に基づいており、古代・中世には民族宗教としての神道も、神道的な文化意識といったものも存在しなかったことを明らかにしている。

実際、鎌倉末に登場した神本仏迹説や根葉花実論《こんようかじつ》は、天照大神が釈迦・孔子・老子に垂迹して仏教・儒教・道教を説いたと語っており、中世神道の実態は仏教・儒教・道教そのものであった。度会家行はそれらの文献を切り貼りして『類聚《るいじゅう》神祇本源《ほんげん》』を編纂したが、彼がそうして怪しまなかったのは、仏典・経典《けいてん》などを神道テキストと考えたからだ。中世神道は仏教・儒教・道教そのものであり、そこに神道の看板を付けたに過ぎない。中世の神観念や神祇・神社史は近年、佐藤弘夫・井上寛司・伊藤聡・上島享・原克昭・嵯峨井建・牟禮仁・三橋正・井上智勝氏らによって大きく進展しつつあるが、そうした中にあって本論は、今なお吟味・検討されるべき重要な仕事である。

このほか、論文「中世における武勇と安穏」は、思想史における武士中心史観のゆがみを批判したものである。中世を武勇が尚《たっと》ばれた時代とする津田左右吉・村岡典嗣・和辻哲郎らの研究を批判し、中世はむしろ安穏を求めた時代と捉えるべきだ、と提言している。また『太平記』に関わる諸論考では、複雑な時代を多元的複眼的に捉えようとする黒田史学の特徴を随所にうかがうことができるだろう。

黒田氏の論考は、私たちが懐《いだ》いている歴史像のゆがみを、白日のもとにさらけ出す力をもっている。神話とは『古事記』や『日本書紀』だけの話ではない。私たちは今なお神話の時代を生きている。そしてゆがんだ神話が、さまざまな形で現代社会を拘束し、私たちの意識にも大きな影をおとしている。こうした現実への批判意識が、神話的歴史像の解体へと黒田氏を駆りたてつづけた。氏の研究は、学問のための学問から最も遠いところにある。私たちは氏の諸論考から学ぶだけでなく、何よりもその学問的姿勢を継承しなければならないはずだ。

かつて法藏館から『黒田俊雄著作集』が刊行された時、私たち編集委員は「刊行の辞」で、次のように述べた。

一九九三年一月二六日、黒田俊雄氏は六七才の生涯を閉じた。その日、私たちは、激動する時代の中に屹立する一人の歴史家を、そして鮮やかな批判精神を喪った。雪の吹きすさぶ中、暗澹たる想いで私たちは黒田氏の棺を見送った。

それから一年、今、私たちはここに『黒田俊雄著作集』全八巻を世に問おうとするものである。

周知の如く、黒田氏の業績は誠に浩瀚なものがある。農民的小経営に対する荘園領主支配を、封建的生産様式の基軸とする荘園制社会論。天皇を中心に、公家・武家・寺家など諸権門の相互補完によって中世国家が構成されていたとする権門体制論。中世宗教の基軸を顕密仏教に求め、その構造と展開を論じた顕密体制論・寺社勢力論。さらに中世身分制論や南北朝時代論・神国思想論など、黒田氏は多方面にわたって斬新な構想を精力的に提起し続けた。しかもこれら諸論考が、有機的な体系性を保持している点に、黒田史学の大きな特徴がある。

私たちは今、冷戦構造の終焉と宗教・民族紛争の激発という、世界史的な転換期に遭遇している。しかし、その中にあって私たちは、ともすれば歴史に対する見通しを見失いつつあるのではなかろうか。それだけに、柔軟で誠実でイメージ豊かな黒田俊雄氏の諸業績は、なお繰り返し、ひもとかれなければならないだろう。

この「刊行の辞」は本書についても、そのまま当てはまるだろう。個別の問題を個別の問題として扱うのではなく、常に全体的な視座のなかで問題を把握しようとする鮮烈な課題意識と柔軟な構想力、ここに黒田史学の真骨頂がある。それだけに私たちは黒田氏の苦闘のあとをたどり、氏が倒れたその地点から新たな一歩を歩みだすことが、今なお必要なのだと思う。ものごとを本気で考え抜こうとした時、また行き詰まって考えあぐねた時、困難な問いに挑戦しつづけた黒田氏の諸論考は、必ずや私たちに新たな示唆を与えてくれるはずである。

（京都先端科学大学特任教授）

〔追記〕本文庫に再録するに際し、旧稿を大幅に改稿した。二〇二〇年一月十日。

黒田俊雄（くろだ　としお）
1926年富山県に生まれる。1948年京都大学文学部史学科卒業。1960年神戸大学教育学部助教授を経たのち、大阪大学教授、大谷大学教授を歴任。1993年歿。著書に『蒙古襲来』（中央公論社）、『寺社勢力』（岩波書店）、『黒田俊雄著作集』全8巻（法藏館）など多数。

王法《おうほう》と仏法《ぶっぽう》　中世史《ちゅうせいし》の構図《こうず》

二〇二〇年三月一五日　初版第一刷発行
二〇二四年三月一五日　初版第二刷発行

著　者　黒田俊雄
発行者　西村明高
発行所　株式会社 法藏館
京都市下京区正面通烏丸東入
郵便番号　六〇〇-八一五三
電話　〇七五-三四三-〇〇三〇（編集）
〇七五-三四三-五六五六（営業）

装幀者　熊谷博人
印刷・製本　中村印刷株式会社

ISBN 978-4-8318-2607-7　C1121

法藏館文庫既刊より

さ-1-1
増補 いざなぎ流 祭文と儀礼
斎藤英喜著
高知県旧物部村に伝わる民間信仰・いざなぎ流。中尾計佐清太夫に密着し、十五年にわたるフィールドワークによってその祭文・神楽・儀礼を解明
1500円

キ-1-1
老年の豊かさについて
キケロ著
八木誠一
八木綾子訳
老人にはすることがない、体力がない、楽しみがない、死が近い。キケロはこれらの悲観的通念を吹き飛ばす。人々に力を与え、二千年読み継がれてきた名著。
800円

た-1-1
仏性とは何か
高崎直道著
「一切衆生悉有仏性」。はたして、すべての人にほとけになれる本性が具わっているのか。日本仏教に根本的な影響を及ぼした仏性思想を明快に解き明かす。
1200円

さ-2-1
アマテラスの変貌
中世神仏交渉史の視座
佐藤弘夫著
童子・男神・女神へと変貌するアマテラスを手掛かりに中世の民衆が直面していたイデオロギー的呪縛の構造を抉りだし、新たな宗教コスモロジー論の構築を促す。
1200円

て-1-1
正法眼蔵を読む
寺田透著
さまざまな道元論を世に問い、その思想の核心に迫った著者による「語る言葉（パロール）」と「書く言葉（エクリチュール）」の「講読体書き下ろし」の読解書。
1800円

い-1-1

地獄

石田瑞麿著

古代インドで発祥し、中国を経て、日本へとやってきた「地獄」。その歴史と、対概念として浮上することとなった「極楽」の歴史を詳細に論じた恰好の概説書。

1200円

く-1-1

王法と仏法

中世史の構図

黒田俊雄著

強靱な論理力と斬新な学説で中世史の構図を一変させ、「武士中心史観」にもとづく中世理解に鋭く修正を迫った黒田史学。その精髄を示す論考を収めた不朽の名著。

1200円